U0069911

近代中日關係史料彙編
金山和約與中日和約的關係

Historical Documents on Modern Sino-Japanese Relations
The Treaty of San Francisco and the Sino-Japanese Peace Treaty

近代中日關係史料彙編
總序

呂芳上
民國歷史文化學社社長

一

　　日本是中國的近鄰，也是強鄰，中日之間一衣帶水，本應唇齒相依，共營孫中山的大亞洲主義，互助互榮；也大可以在一念之間，分出蔣介石所規勸的敵乎友乎，和睦共處，以臻東亞大同境界。但日本國力強大之後，不此之圖，選擇走向侵略、走向戰爭，對鄰邦由蠶食而鯨吞，結果釀成的是你傷我殘的悲劇。

　　中日關係的發展，遠的不提，辛亥革命時，日本原有干涉意圖不果，改採兩面外交，著重者在滿洲特殊權益。1914 年一戰爆發，次年日方即向袁政府提出二十一條要求，嚴重妨礙中日正常外交的推進。二十一條交涉甫告段落，日本又為洪憲帝制，蛇鼠兩端，迫得袁世凱含恨以終。其後復對北洋政府在參戰、借款問題及和會、山東問題上，施其詭譎伎倆，導致五四運動的發生。1921 年的華盛頓會議，九國公約中，日本雖在特殊利益上，沒獲多大斬獲，但日本遍及東北、華北的軍事部署，其有恃無恐、肆意在華

擴張的野心，已相當明顯。

　　1926 年，在南方的國民革命軍，揮師北指，很快的統一中國，這不是對中國抱持野心的日本所樂見的事，於是中日關係走入新的階段。

二

　　1920 年代初期，在南方的國民黨勢力崛起，1926年國民政府開府廣州，接著北伐，1927 年定都南京，於是中國對內、對外新局面形成。1927 至 1952年間，自北伐後中日談判重訂關稅、出兵山東開始，中經九一八、上海事件、華北事變、蘆溝橋事變，以迄戰爭結束、簽訂和約，具見日本以強國步步進逼，盛氣凌人，中國則以弱勢對應，先是退讓、容忍，終以干戈相見，最後日本以敗戰自食惡果。

　　1961 年，逢中華民國建國五十年，民間各界特別組成「中華民國開國五十年文獻編纂委員會」，負責出版各類叢書，其中之一是 1964 年至 1966 年以「中華民國外交問題研究會」為名編印之《中日外交史料叢編》一套九種。這套《叢編》基本上以國民政府外交檔案為主，北京政府外交檔案為輔編成。雖不能對兩國從文爭到武鬥的材料，作鉅細靡遺的羅列，但對兩國關係的重大起伏，實已提供學界深入研究的基礎史料。本社鑒於這套《叢編》對近代中日關係具有很高的史料價值，除聘請學者專家新編「華北事變」資料專輯附入外，特別以《中日外交史料叢編》九種為基礎，重新增刪並編輯匯成《近代中日關係史料彙

編》（以下簡稱《彙編》），以方便學界利用。

三

　　這套《彙編》，共含十五個主題概分為十七冊，包含約四千種文獻、三百萬字：一、《一九三〇年代的華北特殊化》本社最新輯編本，分三冊，由黃自進、陳佑慎、蘇聖雄主編，除利用外交部檔案外，並加入國史館庋藏之蔣中正總統文物相關史料。主要內容，包括長城戰役與塘沽協定（1933）、通航、通車、通郵交涉（1934）、華北特殊化與華北自治運動（1933-1935）、河北事件與南京政府退出華北（1935）、宋哲元與冀察政權（1935）、中日國交調整（1933-1935）、全面戰爭的前奏（1936）等，這三本資料集希望以豐富史料，重新探索1930年代中日、內外各方勢力競逐下的華北問題。二、《國民政府北伐後中日外交關係》19世紀中葉以後，西方勢力進入中國，因國力懸殊，中國頓成列強瓜分角逐場所，不平等條約既是帝國主義勢力的依憑，也是中國近代民族主義油然而生的根由。廢除不平等條約既是國民革命目標，北伐後爭取國際地位平等是國民政府外交努力的方向，也是中國與列強爭執的焦點。這本資料集可以看出中日雙方為長期的、偶發的政策或事件，形成外交角力的過程。主要內容有：國民政府定都南京後外交政策宣言（1927）、日本退還庚款及運用交涉（1929-1931）及中日重訂關稅協定（1926-

1935)、萬寶山事件與中村事件（1931-1932）均與
日本有關。三、《國民政府北伐後中日直接衝突》北
伐進行過程中，發生若干涉外事件，本冊所輯南京事
件（1927-1934）、漢口事件（1927-1931）、日本第
一、二次出兵山東（1927-1929）、。四、《九一八事
變的發生與中國的反應》侵略滿蒙，進而兼併中國，
是日本大陸政策的目標，甲午戰爭、日俄戰爭均是向
外擴張的北進政策，1931 年的瀋陽事變是日本北進
的高峰，更是二次大戰前奏。當時政府為應付嚴重變
局，特在中央政治會議內成立「特種外交委員會」，
自1931 年9 月至12 月，共召開五十九次會議，本冊收
錄了這一重要會議的會議紀錄。五、《九一八事變後
日本對華的破壞與侵逼》九一八事變之後，日本侵華
腳步未曾停止，所謂「得寸進尺」差可形容，本冊所
輯資料，重在日軍繼續挑釁（1932-1933）、日軍暴行
與中國損失（1931-1933）、日本在東北破壞中國行政
權完整（1932）。六、《日軍侵犯上海與進攻華北》
1932 年，日本藉口上海排斥日貨，嗾使日本浪人及
海軍陸戰隊滋事，毆人縱火、殺死華警。上海市府提
出抗議，日領反稱日本和尚五人被毆，提出反抗議，
要求中方道歉、賠償、懲兇、制止反日行動。1 月 28
日，日方迫令中國軍隊退出閘北，隨即向中方開火，
是為淞滬戰役。歷時月餘，5 月初始成立停戰協定。
事實上，九一八事變後，日軍節節進迫，進攻熱河，
侵擾察冀，無底於止；中方則忍辱負重，地方飽受戰
火蹂躪，中央遭受輿論撻伐，中日關係瀕臨破裂。本

資料集收錄日軍侵犯上海之一二八事變（1932）、進
犯熱河（1932-1935）、侵擾察冀及河北事件致有「塘
沽協定」，及所謂「何梅協定」（1933-1935）等文
件的簽訂。七、《蘆溝橋事變前後的中日外交關係》
廣義的第二次中日戰爭，始於1931年九一八事變，
止於1945年日本投降。十四年間又可分為兩階段：
九一八至七七（1931-1937）中國是屬備戰、局部抵
抗時期，日方是侵犯、挑釁期；七七之後中國是全面
抗戰，日方則陷入戰爭泥沼期。前六年中日關係有戰
有和，中方出於容忍、訴諸國際調停者多，後八年中
方前四年獨立作戰，後四年與盟國協同作戰，對內對
外，對敵對友的諸多交涉，交件中充分顯示戰前與戰
爭外交的複雜面貌。本冊主要內容包含：（一）七七
事變前的中日交涉（1934-1937），涉及廣田三原則、
共同防共及滿洲國承認問題。（二）事變前日方的挑
釁（1934-1936），又包括藏本事件、香河事件、成
都事件、日人間諜行為等。（三）從七七到八一三
（1937-1938），指的是全面抗戰爆發前後的中日衝
突，例如蘆溝橋事變的發生、交涉、日本中國撤僑、
八一三虹橋事件及戰事發展等。八、《蘆溝橋事變發
生後中國向國際的申訴》七七事變後中日軍事衝突加
劇，但鑒於雙方勢力懸殊，中國仍寄望透過國際干涉
以制止日本侵華野心。本冊文件集中在中國向國聯控
訴日本侵略（1937）。內容包括是年9月13日中國
向國聯提出對日控訴始末。其間涉及國際間聲援、九
國公約會議種種相關資料。九、《滿洲國的成立與國

聯對日本侵華的處理》1931 年九一八事變後，因國聯
不能有效制裁日本的侵略行動，日本乃放膽實施侵吞
中國計畫，一方取速戰速決之策，以亡中國；一方為
掩人耳目，實行以華制華之計，製造傀儡組織。1932
年滿洲國之成立到 1938 年扶植汪偽，均此之圖。本
集主要內容有偽滿洲國的成立經過（1932-1935）；
中國控訴、國聯之處理（1931-1933）。十、《偽組
織的建立與各國態度》本冊文件集中在華北自治問題
（1935-1937）及南京偽政權（1938-1943）之醞釀與
成立。十一、《抗戰時期封鎖與禁運事件》戰爭發生
後，可注意的事有三，一是受戰爭影響的敵境及海外
華人權益維護問題、敵僑處理及外僑保護，二是敵人
對鄰近地區的禁運、控制，三是盟國以自身利益出發
的措施如何影響中國。大抵言之，國民政府與同盟國
結盟，提升了國際地位，也保障戰後國際角色的演
出。不過，同盟關係也有摩擦和困擾，例如美國中立
法案（1939-1941）、英國封鎖緬甸運輸通路（1940）
對中國造成的損害。本集資料內容即包括：一、戰時
中國政府的護僑、護產措施；二、日本對東南亞的控
制，如越南禁運、封鎖緬甸、控制泰國；三、美國中
立法案、禁運法案及與日使野村談判；四、1940 到
1945 年間日蘇關係的轉變等。十二、《日本投降與中
蘇交涉》1945 年 8 月 14 日，日本投降，上距七七有
八年，距九一八為時十四年，距甲午之戰五十一年，
「舉凡五十年間日本所鯨吞蠶食於我國家者，至是悉
備圖籍獻還。全勝之局，秦漢以來所未也」。中國戰

勝意義自是重大，但蔣中正委員長在當天廣播中，則
不無憂慮的指出：「抗戰是勝利了，但是還不能算是
最後的勝利。」顯然國共關係惡化、戰犯處置之外，
東北接收與中蘇交涉等棘手問題，均將一一出現。本
集資料重在日本投降經過，接收東北、接收旅大與中
蘇交涉，張莘夫被害案（1945-1947）。十三、《戰爭
賠償與戰犯處理》包含1943年同盟國準備成立戰爭罪
行調查會至1948年中國戰犯處理委會工作報告相關文
件。十四、《金山和約與中日和約的關係》交戰雙方
和約簽訂，戰爭才算結束。中華民國對日和約，遲至
1952年日降後六年又八個月才在臺北簽字，原因涉及
戰後中國變局。1945年日本敗降，1949年12月，中
國共產黨勢力席捲大陸，中華民國政府退守臺灣，這
時蘇聯在東亞勢力擴張，國際局勢鉅變，戰勝的中、
美、英、蘇、法五強，對東亞新秩序的建立，有複雜
考量，同盟52國在舊金山召開對日和會，直到1951
年9月8日，才有蘇、波、捷之外的49國參與簽訂的
金山和約。當時中華民國未獲邀參加，次年（1952）
4月28月在臺北正式簽訂中華民國對日和約，結束了
中華民國與日本的戰爭狀態。由於戰後美國在東亞扮
演舉足輕重的角色，因此也可看到中、美、日三方外
交穿梭的足跡。本集資料主要有一、中國對金山和約
立場表示（1950-1952）與金山和約的簽訂；二、中日
雙邊和約前的籌議，包括美方意向、實施範圍、中日
雙邊交涉及名稱問題的討論。十五、《中華民國對日
和約》二戰結束後，冷戰接踵而來，1949年後中國形

成一國兩府的分裂局面，蘇、英、美對誰能代表中國
與日本簽訂和約有分歧看法，1950 年韓戰爆發，英、
美獲得妥協，同盟國對日舊金山和會不邀中國參加，
在美方折衝下，日本決定與中華民國政府商訂雙邊條
約。1952 年 2 月，日代表河田烈與中華民國外交部長
葉公超在臺北磋商，最後雙方簽訂「中華民國與日本
國間和平條約」，雙方互換大使，直到 1972 年 9 月，
遷移臺灣的中華民國政府與日本維持了約二十年的正
式外交關係。這本資料集彙聚雙邊和會的一次籌備
會、十八次非正式會議及三次正式會議紀錄，完整呈
現整個會議自籌備至締約的過程，史料價值極高。

四

　　如果說抗日戰爭是八年，那麼九一八後的六年是
中國忍氣吞聲、一再退讓的隱忍時期，七七事變應是
中國人吃盡苦頭、退無可退的情況下，為求生存而奮
起的開端，此後的九十七個月，在烽火下的中國百
姓，過的何止漫漫長夜。八年中前五十三個月，中國
孤軍奮鬥，後四年才有盟軍並肩作戰，其間大小戰鬥
無數，國軍確實是勝少敗多，即使勝利前多，說國命
堪危也不為過。這次戰爭，日本固然掉入難以自拔的
泥潭，中華民國政府也在獲得遍體鱗傷的「皮洛式勝
利」（Pyrrhic Victory）後，隨即江山易色，勝利者反
變成另一場戰爭的失敗者，其後政局的演變，似乎不
容易給史家，從容寫出恰如其份的抗戰史來。

　　1970 到 1990 年代，中研院近史所曾利用庫藏外

交部檔案，出版過民國時期「中日關係史料」十五種
二十一冊，選題時間範圍只限於北京政府時期（1912-
1928）。本社出版這套《彙編》，正好延續了其後國
民政府的時段。這個時段提供了局面更為複雜的交
涉、戰鼓不斷、煙硝不熄的中日關係發展史料。

有了新史料，就會有新議題，就可期待史家新研
究成果的出現。我們出版史料的初衷是如此。

編輯凡例

一、本書原件為俗體字、異體字者，改為正體字；無法
　　識別者，則以□符號表示；挪抬及平抬一律從略。

二、本書排版格式採用橫排，惟原文中提及如左如右
　　等文字皆不予更改。

三、本書依照原件，原文中提及「偽」等文字皆不予
　　更改。

四、本書中出現「註」、「附註」皆為原件所示。

五、以上若有未盡之處，敬祈方家指正。

目錄

序章
蔣中正對日本的政策

序章　蔣中正對日本的政策

蔣中正為日本投降對全國軍民及全世界人士廣播

民國三十四年八月十四日

　　全國軍民同胞們：全世界愛好和平的人士們：我們的「正義必然勝過強權」的真理，終於得到了事實的證明，這也就是表示了我們國民革命歷史使命的成功。我們中國在黑暗和絕望的時期中，八年奮鬥的信念，今天才得到了實現。我們對於顯現在我們面前的世界和平，要感謝我們全國抗戰以來忠勇犧牲的軍民先烈，要感謝我們為正義和平而共同作戰的盟友，尤須感謝國父辛苦艱難領導我們革命正確的途徑，使我們得有今日勝利成功的一天，而全世界的基督徒更要一致感謝仁慈全能的上帝。

　　我全國同胞自抗戰以來，八年間所受的痛苦與犧牲雖是一年一年的增加，可是抗戰必勝的信念，亦是一天一天的增強，尤其是我們淪陷區的同胞們，受盡了無窮摧殘與奴辱的黑暗，今天是得到了完全解放而重見青天白日了。這幾天以來，各地軍民的歡呼與快慰的情緒，其主要意義亦就是為了被佔領區的同胞得到了解放。

　　現在我們抗戰是勝利了，但是還不能算是最後的勝利。須知我們戰勝的含義決不止是在世界公理力量又打了一次勝仗的一點上，我相信全世界人類與我全國同胞都一定在希望看這一次戰爭是世界文明國家所參加的最

末一次的戰爭。如果這一次戰爭是人類歷史上最末一次的戰爭，那末我們同胞們雖然曾經受了無可形容的慘酷與淩辱，然而相信我們大家決不會計較這個代價的大小和他收穫的遲早的。

我們中國人民在最黑暗和絕望的時代，都秉持我們民族一貫的忠勇仁愛與偉大堅忍的傳統精神，深知一切為正義與人道而奮鬥的犧牲，必能獲得應得的報償。全世界因戰爭而聯合起來的民族，相互之間所發生的尊重與信念，這就是此次戰爭給我們的最大報償。

我們聯合國以青年血肉所建築的這道反侵略的長堤，凡是每一個參加的人，他們不僅是臨時結合的朋友，簡直是為人類尊嚴的共同信仰而永久的團結了起來。這是我們聯合國共同勝利最重要的基礎，絕對不是敵人任何挑撥離間的陰謀所能破壞。

我相信今後地無分東西，人無分膚色，凡是人類都會一天一天加速的密切聯合，不啻成為家人手足。此次戰爭發揚了我們人類互諒互敬的精神，建立了我們互相信任的關係。而且證明了世界戰爭與世界和平皆是不可分的，這更足以使今後戰爭的發生勢不可能，我說到這裡，又想到基督寶訓上所說的「待人如己」與「要愛敵人」兩句話，實在令我發生無限的感想。

我全國同胞們須知「不念舊惡」及「與人為善」為我民族傳統至高至貴的德性，我們一貫聲言：祇認日本黷武的軍閥為敵，不以日本的人民為敵，今天敵軍已被我們盟邦共同打倒了，我們當然要嚴密責成他忠實執行所有的投降條款，但是我們並不要企圖報復，更不要

對敵國無辜人民加以污辱，我們只有對他們為他的納粹軍閥所愚弄所驅迫而表示憐憫，使他們能自拔於錯誤與罪惡。要知道，如果以暴行答覆敵人從前的暴行，以奴辱來答覆他們從前錯誤的優越感，則冤冤相報，永無終止，決不是我們仁義之師的目的，這是我們每一個軍民同胞今天所應該特別注意的。

同胞們：敵人侵略中國的帝國主義，現在是被我們打敗了，但是我們還沒有達到真正勝利的目的，我們必須徹底消滅他侵略的野心與侵略的武力。我們更要知道勝利的報償決不是驕矜與懈怠，戰爭確實停止以後的和平，必將昭示我們，正有艱巨的工作，要我們以戰時同樣的痛苦，和比戰時更巨大的力量，去改造，去建設。或許在某一個時期，遇到某一種問題，會使我們覺得比戰時更加艱苦，更加困難，隨時隨地可以臨到我們的頭上。我說這句話，首先想到了一件最難的工作，就是那些法西斯納粹軍閥國家受過錯誤領導的人們，我們怎樣能使他們不只是承認他自己的錯誤和失敗，並且也能心悅誠服的接受我們三民主義，承認公平正義的競爭，較之他們武力掠奪與強權恐怖的競爭，更合乎真理和人道要求的一點，這就是我們中國與聯盟國今後一件最艱鉅的工作。

我確實相信全世界久和平是建築在人類平等自由的民主精神，和博愛互助的合作基礎之上，我們要向著民主與合作的大道上邁進，來共同擁護全世界永久的和平。

我請全世界盟邦的人士以及我全國的同胞們，相信

我們武裝之下所獲得的和平，並不一定是永久和平的完全實現，真要到我們的敵人在理性的戰場上為我們所征服，使他們能澈底懺悔，都成為世界上愛好和平的份子，像我們一樣之後，才算達到了我們全體人類企求和平及此次世界大戰最後的目標。

第一章
金山和約與中國嚴正立場

第一章　金山和約與中國嚴正立場

第一節　中美兩國對日和約的初步協商

一　美國國務院顧問杜勒斯與顧大使交換和約意見

1. 顧維鈞大使與杜勒斯關於和約領土問題交換意見

顧維鈞與杜勒斯第一次談話

時間：民國三十九年十月二十日

地點：美國成功湖

列席：駐美大使館譚公使紹華

　　　美國國務院日本司司長

第 603 號。21 日。極密。臺北外交部。對日和約事杜勒斯因公忙改廿日在成功湖商談，李代表須出席遠委會未能同往，改偕譚公使襄助，據杜告，除蘇俄定下週會商外，其餘遠委會各國均已與談過，正向各本國請示中。又謂：（一）美對和約領土問題，以為日本依照開羅宣言及日本投降條款等條件，得保有本國四島及附屬小島外。餘如琉球、小笠原群島應交聯合國託管，以美為治理國。臺灣、澎湖、庫頁南半島及千島由中、英、美、蘇將來決定；倘和約實行後一年內不能解決，應交由聯大會決定。（二）關於日本安全問題，在聯合國切實負責以前，應繼續由日本負責供給便利與美國或美及

其他國家，在日本區域維持國際和平安全之軍隊合作。
鈞詢：以便利兩字意義？彼答：即聯合國憲章第四十三
條所稱便利之意。即係供給海港空軍基地等等。（三）
鈞詢謂：所謂臺灣問題，美已提交聯大會討論，究竟美
方用意及希望如何？彼答：須待彼下星期一與艾卿商談
後方能作答。但美之用意，欲將臺灣地位暫付凍結。因
美雖切望世界大戰不再爆發，並無把握，深不願臺灣落
入仇視美國者之手，尤不願為蘇聯利用。美國人力不
足，對太平洋防衛，祇能利用海軍、空軍樹立強固防
線。倘一朝有事，美能控制亞洲沿海大陸，而臺灣島正
在此防線之內。又謂凍結臺灣島地位，即是維持我國民
政府地位。故深盼我國代表不在聯合國會議席上積極反
對美國對臺立場。如我為表明我國立場，而聲明臺灣為
我國領土，美可瞭解。但如我在會議席上堅決反對美國
對臺立場，力與爭辯，未免增加美國困難，使美不能貫
澈保持臺灣，維持我政府國際地位之宗旨。蓋如美亦認
臺灣已純為中國領土，不特我政府代表權問題即須解
決，而美之派遣第七艦隊保臺，及自取領導地位出為主
持此案，亦將失卻根據。故盼鈞詳報政府，剴切說明理
由，望能訓令蔣代表勿過分反對美國立場，彼並擬與
蔣代表一談云。再關此問題，鈞已告蔣代表接洽矣。
（四）鈞問：美主千島與庫頁島南半島與臺灣島相提並
論，預料蘇聯反響如何？彼答：蘇俄自必反對。但如蘇
俄對和約不肯讓步合作，美亦何必在和約內加以承認，
鞏固此地位。（五）至經濟問題，杜稱美主寬大，擬將
各種限制解除，俾日本能達自給目的。鈞謂：我對日本

亦無報復思想。現國際情勢大變，我固不願日本重為軍
國威脅我國，亦願見日發展相當實力，俾能維持其國內
秩序，不為共黨擾亂。我對賠償問題，前為表示寬大並
重視合作，已有酌減之意。然以我政府與人民所受損失
浩大，礙難完全放棄。在不使日本不勝負擔情況下，仍
擬取得若干賠償，並期能訂立經濟互換辦法，於我有
利，而於日亦不無裨益。杜謂：美鑒於第一次世界大戰
後，法、比等國所爭得之德國賠償，均成泡影，即以工
業產品抵付辦法，結果亦僅與美國所給德國工業借款數
額相等。日本投降以來，美所給日本資助，俾能生存，
已達二十億美元。美現願以經濟直接協助日戰受損各
國，不願繼續援助日本，間接供付賠償云。（六）鈞
問：訂約程序如何？杜答：須俟與各有關國洽商完畢後
方能決定。目前採取非正式協商辦法，不用集議方式，
一因蘇俄不肯變更其原有立場，一因如集會討論，英、
印、巴、緬、荷蘭等國必反對我政府代表權，徒滋糾
紛。美現用各別洽商辦法，各該國不能反對。美與我國
不久洽商，因美為主持對日和約之國，而又為繼續承認
我政府者。此亦為萬難者中覓得有利我政府之唯一辦
法。顧：至何時可能與日商訂？杜答預計須至明夏云。
旋鈞與列席之國務院日本司長談詢和約方式，彼答：召
開正式和會蘇聯態度及我政府代表權問題，恐多困難。
祇有採取洽議一致和約大網，分由各有關國與日本訂立
雙邊協定，為臨時過渡辦法。待將來局勢澄清，再集會
訂立正式和約云。併報談話後面交備忘錄，譯文另電，
原文航寄呈，顧維鈞。

2. 美國關於對日和約七項原則枝節略譯文

顧維鈞大使華盛頓來電

民國三十九年十月二十二日

第 604 號。23 日。臺北外交部。極密。603 號電計達。節略全文照譯如後:「為訂立對日和約以終止戰爭狀態起見,茲將美國政府認為應行入約之各原則提要如下:此項大綱僅屬初步與建議性質,美國政府對將來任何草案之詳細內容或措詞,並不因而束縛,希予注意。所期望者,此種大綱經研究後,將有若干非正式討論,俾對驟視不甚明確任何各點,加以闡明。」分段「美國主張對日和約應規定終止戰爭狀態,恢復日本主權及使日本以平等地位重返自由民族之社會。至於細節,和約中應包括下列諸原則:(一)參與國家——凡某一或所有曾經對日宣戰,而願根據本大綱所包括,並將來協議同意之原則,以訂立和約之國家,均得參加。(二)聯合國之加入——日本入會事應在意想之中。(三)領土——日本應:甲、承認韓國獨立。乙、同意將琉球及小笠原群島交由聯合國託管,以美國為治理國。丙、接受英、蘇、中、美對臺灣、澎湖、庫頁島南半及千島地位將來之決定,倘和約實行一年內不能解決,聯合國大會應作決定。日本在中國之特權應予放棄。(四)安全——和約中應設法規定,在未有圓滿安全辦法,如聯合國擔負切實責任之前,應繼續由日本供給便利與美國,或美暨其他國家,在日本區域維持國際和平安全之軍隊合作。

There would be continuing cooperative responsibility between Japanese facilities and U.S. and perhaps other forces for the maintenance of international peace and security in the Japan area.（五）政治與商務關係——日本應同意附簽有關麻醉品及漁業之多邊條約。戰前之雙邊條約得由相互同意予以恢復，在新約未訂立前，日本應給予最惠國待遇，但通常不在此範圍之待遇得以例外論。（六）索償—— 一九四五年九月二日以前，因戰爭行為發生事變之賠償，要求各參與訂約國應予放棄，但甲、各盟國就一般而論，應保有其境內之日本資產。乙、日本應將各盟國資產退還，倘不能全部退還，則應以日元抵償經協議同意之損失部份價值。（七）爭端——關於索償之爭端，應由國際法院院長組成之中立性特設法庭解決。其他爭端應經由外交途徑或送交國際法院解決」。原文航呈。顧維鈞。

3. 美國關於對日和約節略之修正譯文

民國三十九年十一月二十二日

美國政府茲將其認為適於終結對日戰爭狀態之和約型式，簡要提出下列一般性之聲述。須予強調者，此項聲述僅屬建議性質，且係初步意見；美國政府對將來任何草約之細節或措詞，並不因此而受約束。美國政府期望在界與機會研究此一大綱後，將有一連串非正式之磋商，加以研討，並使驟視不甚明晰之任何部份，得以闡明。

美國建議一項旨在終結戰爭狀態，恢復日本主權，並使日本得以平等資格重返自由民族社會之對日和約。至細節方面，和約內將表達下列各項原則：

（一）締約國——凡參加對日戰爭之任何或全體國家，其願依此處所建議，並經獲致同意之基礎而媾和者，均得參加締約。

（二）聯合國——日本之會員資格將予以考慮。

（三）領土——日本將：甲、承認韓國獨立。乙、同意以琉球及小笠原群島交聯合國託管，並以美國為治理國；及丙、接受英、蘇、中、美四國將來對於臺灣、澎湖列島、南庫頁島及千島群島地位之決定，倘於和約生效後一年內尚無決定，聯合國大會將作決定。日本在中國之特權及利益將予放棄。

（四）安全——和約中將提及在未有其他圓滿安全辦法，如由聯合國擔負切實責任之前，日本區域之國際和平與安全，將由日本供給便利與美國軍隊，或美國暨其他軍隊，以繼續合作之責任維持之。

（五）政治與商務辦法——日本將同意加入關於麻醉藥品及漁業之多邊條約。戰前之雙邊條約得由相互同意予以恢復。在新商約未締訂前，除正常例外之情況外，日本將給予最惠國待遇。

（六）賠償要求——各締約國將放棄一九四五年九月二日以前因戰爭行為而引起之賠償要求，但甲、各盟國就一般而論，將保持其領土內之日本資產；及乙、日本應將盟國資產歸還或在不能完整歸還時，以日圓補償其業經同意部份之損失價值。

（七）爭端——補償要求之爭端，將由國際法院院長組
　　　織，特設中立法庭裁決之。其他爭端將由外交
　　　途徑或提交國際法院處理。

　　　　　　　　　　　　一九五〇年十一月九日
（一九五〇年十一月二十日由美國國務院顧問杜勒斯在
成功湖面交顧大使）

二　顧維鈞大使初步答覆美方意見

顧維鈞與杜勒斯第二次談話紀錄

時間：民國三十九年十二月十九日

地點：美國國務院

顧：十月間所談美政府對日和約問題意見，業經詳陳政
　　府考慮。茲願將我大致意見作初步答覆，隨後再予
　　較詳答覆。即：
　　（甲）關於臺灣等領土問題，我認為祇須日本依照
　　　　　波茨坦宣言投降條件，聲明放棄對該項領土等一切
　　　　　主權，由協約國自行處理，毋須日本各別追認撥歸
　　　　　何國。

杜：此亦是美之主張，但臺灣問題或仍須先由聯合國討
　　論，且杜魯門、艾德禮會議之公告亦曾提及此點。
　　否則美之派艦保臺之舉，似無根據。同時為應付聯
　　合國內主張臺灣應歸中共之若干會員國起見，亦不
　　得不將該問題留在聯合國議程上。

顧：然無須一一討論。

杜：甚是。擬提議移交過渡委員會研究以資應付。

顧：（乙）我對日本，亦認為應使其擔負維持其本國安

全及在遠東國際和平之一部份責任。

（丙）關於賠償問題，我亦能贊成美之主張。但如任何他國堅持賠款而能取得，我亦不能完全放棄。

杜：當然如此。

顧：蘇俄提出若干問題，美已否答覆？其他各國所表意見大致如何？

杜：蘇俄提出各問題，顯係宣傳作用，現正在預備答覆，一俟遞交，擬即公布。澳、紐、菲等對允日本重行武裝，頗具戒心。菲、緬二國對要求賠款，頗為堅持。英、澳則對復興日本商業航業亦多顧慮。但凡此諸類，余以為均可設法解決。

顧：蘇俄所提問題中有中共參加訂約一點，其他各國有提及者否？

杜：並無。當初美採對各國分別直接商談，即為避此難題。但余知英國與其他已承認中共之各國屆時必提此點。貴方與日本關係如何？日本是否不願與中共訂約而願與貴方訂約？

顧：前者日本商界雖頗主與中共通商，然近似亦多覺悟。且近月來臺灣與日本所訂貿易協定，為數不小，進行順利，有裨雙方。大陸商業，均為北平統制，困難重重。日本商業前途，當在東南亞而不在大陸，且為日本安全及共同防制共禍計，日本應與民主國家接近，諒盟軍總部已與日表示此意，必為接受。

杜：美亦希望如此。

顧：閣下何時赴日推進和約？

杜：是否即去，尚未決定，更未定期。

顧：韓國問題，聯合國最近形勢如何？

杜：中共條件有三。即（一）聯合國軍隊完全退出韓國；（二）美撤退保臺艦隊；（三）承認中共在聯合國之代表權。美與此三款不能同意。但現三國委員會推進停戰甚力，甚且主張允將三問題付諸商議，加外長之態度尤出意外，如此議經多數通過，美雖不贊成，恐不能不就商。至承認中共代表權問題，美仍反對，但非出自當局擁護國民政府之意，僅因中共對美種種仇視，故無意承認。至七國委員會之態度，當初雖經注意慎選會員，但按現在情形，頗可能延議承認中共代表權。美雖必投反對票，然恐不難得多數贊成而通過。

顧：此層於聯合國前途及立場關係重要，不僅損及我國。據余所知，中東及南美各小國初無成見，頗願維持憲章，反對侵略，但疑美表面主張以強硬對付中共。

顧維鈞大使致美國務院杜勒斯關於對日和約案節略譯文

民國四十年一月二十二日

　　查美國政府前曾提出關於與日本簽訂條約之初步建議，該項條約旨在「終結戰爭狀態，恢復日本主權，並使日本以平等資格，重返自由民族之社會。」中國大使曾於一九五〇年十二月九日於在國務院舉行之會談中，依照中國政府之訓令，將中國政府對於美國政府該項初

步建議之意見，轉達於杜勒斯先生。茲將該項意見，連同補充意見，複述於本節略中。但本節略中所開各節，並非最後意見，亦非詳盡無遺，俟美國政府之建議，續有修改，屆時或需再表意見，或俟其他有關政府之見解發表時，當再作更詳盡之聲言。

（一）中國政府亦亟願以適當之和約，終結對日戰爭狀態，同時使日本重返主權國家之社會。為此目的，中國政府向來希望和會得以早日召開。惟如因一個或數個有關國家之阻撓，致此事無法實現時，則中國政府亦願同意與日締結雙邊和約之程序。在此種情形下，各國雖須個別訂約，中國政府仍望在盟國之間，儘可能有一共同約稿。

（二）中國政府甚願見日本終得加入聯合國，惟日本加入聯合國之申請，自將在和約締結之後提出。

（三）中國政府認為日本必須明白承認韓國之獨立。中國政府對於將琉球及小笠原群島置於聯合國託管制度之下，而以美國為管理當局一節，在原則上可予同意。至關於所謂臺灣及澎湖列島之地位，中國政府經詳加考慮後，認為各該島在歷史上、法律上及事實上，均為中國領土之一部，僅最後形式上之手續，尚待辦理。因此各該島之地位，實與南庫頁島及千島群島之地位不同，但鑒於遠東局勢之不定，並為促進太平洋區域目前之一般安全計，中國政府對於將此四島群之地位，取決於英、蘇、中、美之

會商一節，不擬表示反對。抑中國政府雖勉不反對此點，亦不願他國以為中國政府對於臺灣及澎湖列島係屬中國領土之基本意見，有所更改。中國政府又認為此項決定應在和約締結後一年內為之之期限，實嫌太促，並建議應改為至少二年或二年以上。至此四領土群之性質雖不盡同，已如上述，惟其決定，自將同時並以同一程序為之。倘在上述建議之期限內不能獲得決定，則此項問題或將提交聯合國大會，就日本而言，祇須在和約內放棄其對於各該領土之主權，即為已足。至日本對於其前在中國所享之特權及利益，明白聲明予以放棄，亦為必要，並屬適當。

（四）中國政府對於在未有其他圓滿安全辦法，如由聯合國擔負切實責任之前，對續由日本供給便利與美國及可能其他國家之軍隊合作負責，以維持日本區域之國際和平及安全之建議，表示同意。所宜特予注意者，即為此目的，其他國家之軍隊，亦一如美國軍隊均包括在此項計劃之中。

（五）中國政府對於日本應加入若干多邊公約，尤以與麻醉藥品有關者為然，具有同感。至關於戰前之雙邊條約，就中日之間者而言，中國政府於一九四一年十二月九日對日宣戰時，業已宣布予以廢止。故日本應於和約中明白承認此項宣布，但中國政府亦不反對在和約中列入一般

性之條款，規定戰前之雙邊條約，得由相互同意，予以恢復。此外，中國政府對於在新商約未締訂前，除正常例外之情況外，日本將給予最惠國待遇之一項建議，亦表同意。

（六）關於賠償要求一節，茲應說明：由於日本之長期侵華，中國人民所受痛苦之久，犧牲之大，實較任何其他被侵國家之人民為甚。茲因中國境內之日產，不足以抵償合法之要求，而三年前所為之臨時交付，亦僅屬象徵性之償付，故要求日本充分賠償因其侵攻而引起之損害，亦與公允之原則完全相符。但為便利對日和約早日締結起見，中國政府願放棄另提賠償之要求，惟以其他國家同樣辦理為條件。如任何其他國家堅持付給賠償，中國政府將要求受同樣之考慮。鑒於中國對於賠償問題所採之合作立場，希望美國政府就收回被劫財產，歸還對中國民族有歷史價值之若干藝術品，及將原屬於偽「滿洲國」及臺灣銀行，而現在日本之資產移讓中國各節，予中國以友誼之支助。在上述條件下，中國政府對於日本歸還盟國財產，或在不能將財產完整歸還時，以日圓補償業經同意部份之損失價值一項建議，表示同意。

（七）對於美國節略第七項，所開解決補償要求及爭端之數種備選擇程序，中國政府在大體上可予接受。

中華民國四十年一月二十二日在美京中國大使館

三　杜勒斯就和約內容及格式徵詢中方意見

1.顧維鈞與杜勒斯第三次談話紀錄

時間：民國四十年三月二十日

地點：美國國務院

談話要點：

（甲）關於條約格式與程序：

一、並未決定採用雙邊方式。現美仍擬先商得
各方同意之約稿，會同與日訂立，包括蘇
俄在內。將來視事實能否辦到，再定其他
方式。

二、現正根據最近與各國商議結果，草擬約
稿，盼能於本月超杪定稿後，分送我國及
有關各國續徵意見；盼於四月杪徵畢後，
開始商議程序問題與方式問題；並盼夏間
可以成立。

（乙）關於和約內容，經鈞詳詢各端，據答大致與美原
擬之七項綱要無甚出入，惟：

一、關於領土問題：

（子）前提解決特別程序，經已修改。和約
內祇須日本放棄對臺灣、高麗、薩哈
連南半島及千島之一切權利，至各該
領土應如何處置，日本不必過問。

（丑）並須日本放棄太平洋中託管各島之一
切權利。

（寅）關於琉球及小笠原群島，由日本接受
美國依據聯合國決議代管辦法。

二、日本重行武裝問題：

（子）日政府以礙於現行憲法規定，盟總以遠委會有議決將發表，均不願多談；而澳、菲等國又具戒心，故未詳討論，亦不擬於約內有所規定。所與日本商定大致辦法，擬由美提議願於和約訂立後，在日本駐兵若干，協助保障安全，由日本聲明願接受，並願對遠東區安全作相當供獻，用換文式成立協約，顯為應付各國恐懼日本重行武裝後，侵略野心復活起見。應如何辦理，是甚複雜，更不便於約內規定。大致擬迫日本成立若干陸軍，作為對遠東區安全之供獻，海軍由美擔任，空軍另由一國擔任。如是辦理，則任何一國對外不克行使侵略政策。

三、限制日本商船噸數問題，英雖曾提議並曾堅持，然美頗反對。因查現狀，日本船隻僅合戰前百分之五，而其商業上需要，較前加倍。即使日本財力許可，另造新船，現因鋼料缺乏，亦難實現。總之，此為二十年後問題，無須規定。

（丙）我國參加訂約問題，杜言不獨英國以業經承認中共政權，反對我國參加，即澳、紐兩國亦力為聲明，雖彼仍承認我國民政府，然由我簽約，如何能對中國大陸發生效力。但美方則說

明，美即承認我國民政府，惟有以我為對象，
如彼堅持反對，徒於此時增加糾紛，有礙促進
和約之工作。故勸彼不必堅持，應視今後國際
情勢發展如何云云。

2. 顧維鈞與杜勒斯第四次談話紀錄

民國四十年三月二十八日

第 883 號。 28 日。（極密）臺北外交部葉部長。並請
轉呈，今晨杜勒斯大使邀鈞往國務院續談對日和約問
題，並面交節略一件及約稿八章，計二十二條節略略
稱，所擬約稿，經與十五國代表（我國亦列舉在內），
交換意見後擬成係混合各方意見，並非出諸任何一國，
美國對於約稿內容與措詞保留其修改之權，請對所附約
稿加以考慮，表示意見，然後再與節略內所列各國政府
接洽將來進行程序等語，鈞允即報告政府研究一俟得復
當即轉達杜謂：如鈞對約稿有不能明瞭之處，亦願續
談，又謂彼對和約問題最近希展擬於日內演說宣布大
概，但對約稿條款盼我保守秘密，再鈞未閱約稿前曾問
三端：（一）菲律賓對賠款問題態度，杜答：菲外長最
近曾遞節略，略謂菲民眾重視賠款，如菲政府輕易放
棄，必為國內反對，搖動政局云云。欲將此問題作為懸
案，俾資應付。而實際上，美雖放棄佔領費，然對佔領
期內所墊給日本之經援款二十億美元，仍保有優先取償
權。且美曾於戰後予菲以五億二千萬圓之善後墊款，曾
聲明將來從菲所得日本賠款內取償，故菲對賠款難受實
惠。（二）日本與外貿有何限制，俾不致將來與中共

通商，致破壞美對中共貿易禁令？杜謂：約內不擬規定，但事實上日本所需各項工業原料，現均由美供給。如日本將來私與中共大量通商，美不難設法間接阻止。（三）太平洋公約問題，杜謂：最近並無發展。現美仍持被動態度，聽候澳、紐方面提出議案云。除將約稿與節略全文備函託俞總裁帶呈，並抄送李代表惟果接洽外特電陳請鑒察。顧維鈞。

3. 美國政府之節略譯文

本文附件為對日和約之臨時約稿（僅屬建議性質），係經美國政府代表與澳大利亞、緬甸、加拿大、錫蘭、中國、法國、印度、印尼、韓國、荷蘭、紐西蘭、巴基斯坦、菲律賓、英國聯合王國及蘇聯等國代表交換意見後所擬定。美國代表與上述各該國代表主要係於一九五〇年九月至一九五一年一月間交換意見，至少每國一次，多者數次。

交換意見之主題，為美國政府所準備用作討論基礎之七點原則性綱要。

在與各盟國交換意見之後，美國總統乃於一九五一年一月十日設置一對日和約代表團，以杜勒斯為團長。該團於一九五一年一月二十二日前往日本，就該七項原則，與日本政府，日本政治及社會領袖，以及與盟國駐東京外交代表之請求晤談者，舉行討論。該團並訪問菲律賓，澳大利亞及紐西蘭，而其團員於返抵華盛頓後，復在華盛頓與若干盟國外交代表晤談。

各國對於與日本早日議訂和約一節，似並無異議，

且對於和約條款內容，同意之點亦甚多。因此，現宜自原則之考慮，進而為實際條文之考慮，以赴事功。為此目的，特草就約稿如附件。

美國政府與各國政府交換意見時，各國政府大抵皆表示友善及建設性之合作。茲所建議之約稿大部份即反映美國政府因此項合作而獲得之意見，故本文附件乃一綜合性之約稿，其來源不一，該約稿僅屬初步建議性質，美國政府保留將來經再度考慮後認為需要時，就該約稿詳細內容及文字，另提修改變更之權。美國政府茲請各有關國政府對所附約稿加以考慮，並早日表示意見。然後美國政府將再與本節略第一段中所列各國政府接洽，以協商將來之程序。

附件：對日和約臨時稿（本稿僅屬建議性質）

各盟國與日本決心茲後將其相互間之關係，建立為獨立平等國家間之關係，彼此友好合作，以增進共同福利，及維持國際和平及安全。日本茲宣告其意願申請加入聯合國，並絕對遵守聯合國憲章之原則：意願努力以求實現聯合國人權宣言之目標；意願設法在其國內造成安定及福利條件，一如聯合國憲章第五十五條及第五十六條所期望並已於戰後日本法案中所肇端者然；並意願在公私貿易與商業行為上，遵守國際間所接受之公平習慣。各盟國歡迎日本在此等方面所表示之意願，並將設法促其實現。為將相互間之未來關係建立於安定與和平之基礎上，各盟國爰與日本締結本和約。

第一章　和平

　　一、各盟國與日本間之戰爭狀態茲告終止。

第二章　主權

　　二、各盟國茲承認日本人民對日本及其領水具有完全之主權。

第三章　領土

　　三、日本茲放棄其對於高麗、臺灣及澎湖群島之一切權利，權利名義與要求；並放棄其由於委任統治制度，或日本人民在南冰洋區城之活動而具有之一切權利，權利名義與要求。日本接受聯合國安全理事會於一九四七年四月二日為將前由日本委任統治之太平洋島嶼置於託管制度下而採取之行動。

　　四、美國得向聯合國建議，將北緯二十九度以南之琉球群島、小笠原群島（包括西之島、硫磺列島、冲之鳥島及南鳥島各地）置於託管制度之下，並以美國為其管理當局。日本對於任何此項建議將予同意。在提出此項建議並就此項建議採取確定性之行動以前，美國有權對此等島嶼之領土暨其居民，包括此等島嶼之領水，行使一切行政、立法及管轄之權力。

　　五、日本將以庫頁島南部及其附近之島嶼，歸還與蘇維埃社會主義共和國聯邦，並將以千島列島交與蘇聯。

第四章　安全

六、　日本茲接受聯合國憲章第二條所載之義
務，尤其下列各項義務：

（甲）以和平方法解決其國際爭端，俾
免危及國際和平、安全及正義；

（乙）在其國際關係上，不得使用威脅
或武力，或以與聯合國宗旨不符
之任何其他方法，侵害任何國家
之領土完整或政治獨立；

（丙）於聯合國依憲章規定而採取之任
何行動，盡力予以協助；並於聯
合國對於任何國家採取防止或執
行行動，對該國家不給予任何協
助。各盟國於其與日本之關係
中，相互承擔以聯合國憲章第二
條之原則為準繩。

七、　各盟國承認日本以一主權國之資格，擁
有聯合國憲章所稱單獨或集體自衛之自
然權利，並承認日本得自動加入一種或
數種為一個或一個以上之盟國所參加之
集體安全辦法。該項辦法之設立應僅以
抵抗武裝侵略，保障安全為目標。

（註：前項建議，關於安全保障部份，
本身並不完備，將來應視現時交換意見
之結果予以補充。此項交換意見之著眼
點，乃在維持太平洋安全，並使日本今

後能對太平洋安全有所貢獻，而不致發展為一攻擊威脅，或作除依照聯合國憲章之宗旨及原則，促成和平與安全以外用途之軍備。）

第五章　政治及經濟條款

八、日本將繼續為以促成公平貿易，防止濫用麻醉藥品及保存魚類暨野生動物為宗旨之現行多邊條約及協定之一造，如現時並非一造，則將設法加入。

九、日本同意迅即與願意談判之各造進行關於議訂為規範，保存及開發公海漁業之新雙邊或多邊協定之談判。

十、每一盟國在本約在其本國與日本間生效後一年以內，將就其戰前與日本之雙邊條約中，何者願予繼續有效或恢復生效一節，通知日本；該項條約除其中有與本約不相符合之任何條款，應予剔除外，應繼續有效或恢復生效。未經通知之該項條約，應認為業已廢止。

十一、日本放棄在中國之一切特權及利益。

十二、關於盟國軍事法庭對現正監禁於日本之人民所判戰罪罪刑之大赦、減刑、假釋及赦免權，除由日本及對每一案件處刑之一個或數個政府共同行使外，不得行使。如該等人民係由遠東國際軍事法庭判處者，該項權力除由

日本與參加該法庭之過半數政府共同行使外，不得行使。

十三、日本宣布迅即準備與每一盟國締結條約或協定，以將其彼此間之商務暨貿易關於置於穩定與友好之基礎上。同時，日本政府將於本約首次生效起三年期內，關於關稅，規費及其他施行於貨物之進口及出口或與其有關之一切其他規章，將給予最惠國待遇；又關於盟國之船舶，國民暨公司及其他在日本境內之財產、利益與業務活動，將從優給予國民待遇或最惠國待遇。上述國民待遇，應視為不包括沿海及內河航行在內。關於上述事項，除一般商務協定內通常列載之特殊規定外，日本政府對任一盟國，得不允給較諸該國在同一事項上所準備給予日本之待遇為優之任何待遇。

雖有本條約第一項之規定，日本仍得為保障其對外財政地位，收支平衡，或穩定金融之主要利益起見，而採取任何措施；亦得就一般商務協定內通常列載之特殊規定，提出保留。

在民用航空運輸協定尚未締結以前之三年期內，日本對於每一盟國應給予不低於本約生效時所給之民用航空運輸之權利及特殊利益。

日本之海底電線，其聯接日本與依照本
約而脫離日本統治之領土者，應平均分
配之。日本保留該電線與其相聯之終點
及鄰接之一半，該脫離之領土保留該電
線其餘之一半及與終點相聯之便利。

第六章　要求及財產

十四、盟國承認：日本缺乏能力，以金條、銀
條、貨幣、財產或人工作為支付，蓋
以如為此項支付，則日本健全經濟，
即難保持；盟國復承認盟國自一九四五
年九月二日起為推行其佔領日本之目
標而給予日本之救濟及經濟援助，日
本亦缺乏能力履行其對於該項救濟
及援助之義務；盟國又承認：日本對
於盟國戰爭損失，亦缺乏能力，給予
充份賠償。但日本對每一盟國概行給
予權利，使其對於日本及日本人民在
一九四一年十二月七日至一九四五年
九月二日間，在各盟國本國內或在脫
離日本之領土內，或在由任一盟國依
照聯合國託管制度而管治之領土內之
一切財產權利及利益，得予取得、持
有及處分；但（一）日本人民之獲准
居住於任一盟國領土內，而其財產復
未於一九四五年九月二日以前受有特
種措施之限制者，其財產應予除外；

（二）具有外交或領事性質之有形財產及為保全該項財產而支出之任何款項淨數，應予除外；（三）無政治性質之宗教、慈善、文化或教育機構之財產，應予除外；（四）凡在日本之財產，縱使在他處存有證書或其他類似證件，足以證明對於該項財產存有權利，所有權、利益及債權，亦仍應予以除外；（五）證明日本產品之商標，亦應予除外。

任一盟國如自另一盟國領土內取得具有工業性質之日本或日本人民之財產，應向另一盟國報帳。

盟國之賠償要求及直接軍事佔領費用要求，應視為已由依照上述規定，在各該國管轄區內所獲日本資產及在占領期內由日本本土所獲資產獲得滿足。

（註：上述有關賠償之建議，仍待目前交換意見後再定。）

十五、自本約首次生效之日起六個月內，日本對於每一盟國及其人民在日本境內之有形及無形財產及一切任何種類之權利或利益，除所有人未經脅迫或詐欺而業已予以自由處分者外，經其請求，將予以歸還。各盟國人民在日本境內之財產，如有戰時損失及損害，均將依照日本國內法，按日本有關外

匯法規以日圓予以補償。

十六、日本放棄日本及其人民對在本約所終
止之戰爭狀態期間，盟國所採取行動
而生之一切要求，並放棄其由於在本
約生效以前，任何盟國軍隊或當局在
日本領土內之留駐，軍事行動或其他
行動而生之一切要求。

第七章　爭議之解決

十七、盟國與日本間，對於任何有關本約之
解釋或執行而經由外交途徑不能解決
之爭議，於該項爭議之一方提出請求
時，均提向國際法院予以決定。日本
及各目前尚未加入國際法院規約之各
盟國，於分別批准本約時，均依照聯
合國安全理事會一九四六年十月十五
日之決議，向國際法院書記官長遞送
一概括宣言，聲明對於本條所稱任何
性質之爭議，接受國際法院之管轄，
而毋須另訂特別協定。

第八章　最後條款

十八、本約所稱盟國，應視為係指對日作戰或
與日本間存有戰爭狀態，並參與本約
之國家而言。

十九、除本約第十一條另有規定外，本約對任
何國家，直至其簽字批准或加入本約
前，不給予任何權利、權利名義或利

益。除本約第十一條另有規定外，日本之任何權利、權利名義及利益，亦不因本約之任何規定而有所減削或損害，使某一與本約未經簽字、批准或加入之國家蒙受其利。

二十、日本不與任何國家訂立可予該國以較本約所予各締約國者更大之利益之和平協定或戰債協定。

二十一、本約應由各盟國及日本批准之，並於日本及包括以美國為主要占領國之過半數遠東委員會會員國之批准文件送達美國政府後，即對日本及各該批准國間發生效力。本約如經日本批准九個月內尚未生效，任一盟國得以文件通知日本及美國政府，使本約對其本國及日本間發生效力。美國政府將所有依本條規定所送達之批准文件及通知，均通知所有簽字國及加入國。

二十二、自本約於日本與任何批准本約之國家間生效之日起三年以內，任何與日本作戰或與日本間存有戰爭狀態而未簽字於本約之國家，得隨時加入本約。該項加入，應於加入文件送達美國政府後發生效力。美國政府將以每一加入文件通知所有簽字國家及加入國家。

四　杜勒斯與顧維鈞大使續就領土問題交換意見

顧維鈞與杜勒斯第五次談話

時間：民國四十年四月二十四日

地點：美國國務院

關於對日和約案，前奉鈞院本年四月二十五日（外）檢字第三〇四號訓令，令知第一八二次院會決議因應辦法等因。查本部前曾擬就我方答覆美方文稿一件。呈請鈞座核閱後，於四月十九日下午在臺北士林官邸面呈總統核可在卷。本部當經核定稿譯成英文，即於四月二十三日電知駐美顧大使，於二十四日遞交美方，並於同日下午五時半由本部部長將該項覆文副本面交美國駐華大使館代辦藍欽公使，當據美代辦表示，彼對我方處境，甚為了解云。

頃據顧大使四月二十四日第九四一號電稱：「適杜勒斯於本月自日本飛回華府，頃於五時晤談，並面交我方覆文，另將聲明朗誦後，留致兩份備案等語」，並接同月二十五日第九四二號電陳與杜勒斯談話要旨如左：

「（一）鈞謂：我對領土問題尤為重視，而美方約稿處理臺灣、澎湖與其他兩島（指南庫頁與千島群島）措詞不同，未免歧視，故我方覆文提議修正。杜答：論理固當一律，但曾加考慮，實有困難。（二）杜又謂：關於千島群島及南庫頁島，美方約稿所用措詞，係採雅爾達協定內之文字，雖未精當，然美知蘇聯決不參加對日和約，故美不欲變更協定原文，而使蘇聯之拒絕參加對日和約，有所藉口。（三）鈞謂：我意韓國獨立，對日和約當有明文承認，美方約稿未列專條，諒有特別理由。

杜謂：開羅宣言對此曾有規定，且已成為事實，原可於
對日和約內補敘，惟加專款，恐使關於臺灣、澎湖之措
詞，益見顯然特殊，而滋揣測。（四）杜問我對美方約
稿第十四條同意曾加注意否？鈞答：美對蘇聯在我東北
之攘掠，向抱不平態度，我對該條頗感慰。彼謂：雖我
未能獲得實惠，然留懸案亦是正辦。（五）鈞謂：英、
澳、紐等主張邀中共參加對日和約，諒此行已告知日當
局，其反應如何？杜答：並未告日。（六）又詢以報載
英致美節略主張：（甲）邀中共參加協議對日和約；
（乙）規定臺灣應交中國兩點，美如何作答？杜謂：
亦曾用書面答覆。略謂：美祇承認國民政府，故無意
邀中共商談。至臺灣則按開羅宣言紀錄應交還中華民
國云。但同時曾面告英國大使，以國民政府堅持臺灣
為中國領土之一部份，與中共主張相同，均已認為中
國內部問題，今若明文交還，則美派第七艦隊保障臺
灣，將失卻根據，而徒使中共與蘇聯對美更加干涉之
譴責，故在此階段，美不得不將臺灣問題留為懸案，
俾易應付。杜又謂：此點極機密，盼我嚴為保守不洩
云，再我方覆文雖交杜氏，所用公文方式仍係致國務
卿，以昭始慎重。

五　杜勒斯就中方修正稿與顧維鈞大使交換意見

1. 顧維鈞與杜勒斯就修正稿交換意見

顧維鈞與杜勒斯第六次談話紀錄

時間：民國四十年五月二十九日

地點：美國國務院

列席：駐美大使館譚公使紹華

美國國務院主管遠東事務幫次長馬氏

臺北外交部部、次長鈞鑒，並稱轉呈今晨十時半鈞偕譚公使紹華往晤杜大使商談對日和約，有主管遠東幫次長馬氏在座首謂我所提修正案，尚未能詳細研究，惟以為（一）第十四條內提議加一括弧，聲明關於中國者，應自一九三一年九月十八日起，似非必要。和約宗旨，擬將對日戰爭狀態告終。中國對日宣戰，實係在美之後，如欲更改，不如採用一九三七年七月七日，尚屬可說。鈞謂：九一八為日對華侵略開始，我國人民所得印象深刻，心理作用甚鉅。杜問馬幫次長意見，馬謂：中國人民心理誠如顧大使所言。杜謂彼以為七七之後，中國不認有戰爭狀態。鈞言：當時我以處境困難，日本僅認為中國事件，而美與其他友邦亦勸我勿正式宣戰，故雖日軍長驅直入，佔領我國已至十餘省之多，我仍勉強維持對日外交關係。杜謂：七七以後，可謂事實上已入戰爭，此點極關重要，可由馬氏商諸魯斯克次長。鈞謂：如杜大使認七七日期為理由較強，鈞當轉陳政府，諒必願從長考慮。（二）鈞說明：於第十一條提加包括辛丑和約，一如對義和約事，規定較為詳明。杜謂：此點曾加考慮，恐掛一漏萬，故主簡單措詞，不使和約文字再

加長云。鈞言：此係我國特殊情形，他國可勿過慮。談至此，杜謂十一時另有要約，今日恐不能長談。鈞乃即以有關一般之兩點洽商。

鈞謂：我切望前提臺澎問題置之和約訂立後再議一層，美勿再提。至現所提僅由日本放棄對臺、澎一切權益云云，顯與對千島、薩島處理不同。未免歧視而刺激我人民心理，予以精神打擊。動搖其對兩島前途安全保障之觀念，似應仿照對千、薩兩島區辦法，改為臺、澎由日本交還我中華民國。杜謂動搖安全感等未免過慮。且所提分別辦理，實有利我國。因千、薩兩島區如蘇聯不參加和約，則其主權仍屬日本。假使臺、澎一律如是規定，則萬一貴國不能參加簽字，該兩島主權，亦即歸還日本，此決非貴國所願。鈞謂：我極重視國民政府簽約之權。美力主我應參加訂約，我甚感慰。他國反對，實無理由，蓋：（1）國民政府抵抗日本侵略最先最久。我人民犧牲亦最鉅。（2）即退而僅以臺、澎兩島而論，我於法律事實上，佔領無疑，非我簽約，不能確定其地位。（3）如以中共關係，不允我參加，是混亂黑白，對我與中共一律看待，加以一種不許參加和約之懲罰。公理何在？杜謂此事情形極為複雜。按遠委會中除我國外，其他不僅已承認中共者，即如加拿大、澳、紐等，亦謂我方之批准，實際不能對大陸上之中國發生效力。鈞謂：簽字之權屬我，似無可諱言。至批准效力程度，全視將來國際局勢演變至何程度。自今觀之我之批准效力，頗有與日俱增之可能，且蘇聯即不參加，而對日本北部又虎視耽耽，所訂和約仍屬偏面性

質，亦不能適用於彼。此皆實逼處境，惟有待時局之演
變而改進。英國等袒左中共迄無效果，未免錯誤。我深
望閣下此次赴倫敦折衝，能力勸英政府擬請與美一致。
如美堅定，英必轉圜。杜謂自必努力商勸。但困難所
在，不限於英。而美希望和約成立甚切。期能聯合各
國力量抵制蘇聯對日之陰謀，不因亞洲、印度、澳洲
等國反對貴國參加而拒絕簽訂，致和約不能得多數國
簽字，則糾紛甚多，美國應否照訂，頗屬問題。例如
蘇、英、澳等既未終止對日戰爭狀態，則仍可要求行
使盟總之權。遠東委員會過半數之會員國，亦可要求
繼續開會。在此糾紛之中，如日本淪陷，變為赤色，
臺、澎亦難保持，於我仍屬不利云。鈞盼於其自英返
美後早日晤談。彼謂：如欲於其六月四日赴英前續談，
亦甚願約談。統祈查核。顧維鈞。

2. 關於美提對日和約初稿中方修正案

　　　　　　民國四十年五月三日駐美譚公使交與杜勒斯
致美國政府節略稿

　　中國政府前曾就美國政府所準備之對日和約初稿，
將其意見之一部份，於一九五一年四月二十四日文達美
國政府查照。中國政府茲以前開意見為基礎，對該和約
初稿，建議若干條文上之修正。

　　中國政府為與美國政府通力合作，以促成和約之早
日簽訂起見，願僅就對中國有特殊重要性之若干事項，
提出修正意見。為此目的，中國政府對於約稿中之序言
及第一條、第二條、第四條、第六條、第七條、第八

條、第九條、第十條、第十二條、第十三條、第十七
條、第十九條、第二十條、第二十一暨第二十二條各項
規定，均完全予以贊同。至關於第三條及第五條之領土
條款，中國政府曾於上引文件中提出若干建議，茲特就
各該建議，重行喚起美國政府之注意。現在各該建議即
仍在商討階段，中國政府願將有關條文之建議，留待日
後再行提出。

　　中國政府茲將下列各項修正，提請美國及其他盟國
予以考慮：

第十一條　中國政府同意第十一條所據以草成之原
　　　　　則，惟為使對於日本放棄在中國之特權及
　　　　　利益一節，不致發生解釋上之可能歧異起
　　　　　見，茲建議將該條修正如下：「十一、日
　　　　　本放棄在中國之特權及利益，包括由一九
　　　　　○一年九月七日在北京簽訂之最後議定
　　　　　書，與一切附件，及補充之各換文暨文
　　　　　件，所產生之一切利益與特權，並同意該
　　　　　議定書、附件、換文與文件就有關日本部
　　　　　份，予以撤廢。同時日本並放棄因此而起
　　　　　之任何賠償要求。」
　　　　　查一九○一年九月七日之最後議定書係採
　　　　　多邊協定之形式，故是否在原擬初稿各項
　　　　　有關規定之範圍內，容將發生疑義，故有
　　　　　上開修正。

第十四條　關於第十四條，茲建議修正如左：
　　　　　一、在「一九四一年十二月七日」字樣後，

增入下列括弧中之規定：「（對於中國，此項日期應為一九三一年九月十八日）」。查中國與日本之武裝衝突，實於一九三一年九月十八日所謂瀋陽事變後開始，故該項日期專對中國適用。

二、將原稿第十四條第一項各處所載之一九四五年九月二日之日期，一律改為「本約首次生效之日」。查盟國接收日本放棄之各處領土，日期各不相同，且無其他適當之劃一日期可資選擇，故上述修正，實有必要。

三、該條但書所載第（二）、（三）、（四）各項，均予刪去。查對日和約之簽訂，乃在日本投降六年之後，此時如欲每一盟國將上開但書中所規定之財產，逐一歸還日本或日本人民，縱非不可能，亦必甚難。且該項財產亦應認為係盟國之賠償要求所賴以視為獲得滿足之日本資產之一部份。

第十五條　在第十五條首句與次句之間，加入下列一句：「凡曾一度認為由任一盟國領土內之偽政權，如在中國之『偽滿洲國』，及『汪精衛政權』所保管，或屬於偽政權之財產、權利或利益，應視為該盟國之財產、權利或利益。」

此外，中國政府雖或可同意日本對於盟國戰爭損失，缺乏能力給予充份賠償，然中國另有戰爭賠款之特殊問題，應與此次賠償問題一併解決。查在過去六十年中，中國於每次與日本交戰後，均向日本付給賠款，計依照一八九五年四月十七日馬關條約向日本賠款庫平銀二億兩。依照一八九五年十一月八日北京條約賠款庫平銀三千萬兩，均已付清，合計美金 168,477,215 元 46 分，依照一九○一年九月七日之最後議定書。向日本賠款關平銀 34,793,100 兩，分期償付。中國所業已付給日本之該項賠款本息已超過美金 3,600 萬元。中國所付上述三項賠款之總數，業已超過美金二億，倘中國放棄其項日本之賠償要求，則日本亦應將上述各項賠款歸還於中國，始見公允。爰建議將下列一項加入第十五條，作為最後一項：「日本願將在本約所終止之戰爭狀態以前，自中國所獲之各項戰爭賠款，歸還於中華民國。此項戰爭賠款之總額，定為美金二億元，應於二年內給清。」

第十六條　第十六條增列下項規定，作為該條之第二項：「除第十條另有規定外，日本向盟國放棄日本及其人民依據凡在本約所終止之戰爭狀態以前所訂條約、協定，或契約而

要求之所有權利或利益。」此項建議係依
照第十四條末項規定之原則，並鑒於盟國
之寬大態度而提出。

第十八條　下列一項加入第十八條作為其第二項：「本
約所稱盟國之人民，應視為包括日本所放
棄並由該盟國管理之領土所有居民在內；
所稱某一盟國之船舶及公司，應視為包括
在上項領土依該盟國所施行之法律規章註
冊之所有船舶及公司在內。」

六　杜勒斯訪英前中方對參加和約事與美交涉

1. 葉公超部長重申中國參加和約的立場

葉公超與藍欽談話錄

時間：民國四十年五月三十一日

地點：外交部

葉：余有一簡短而重要之意見奉達閣下。本部頃接獲
顧大使在華府與杜勒斯先生關於對日和約之談話報
告。除談及若干技術事項外，顧大使曾再度表示我
方希望美國政府不顯英國之反對，而予吾人以堅強
之支持。杜勒斯先生當允在其與英方商談時願盡最
大之努力，以克制英方之反對；但渠指出：此問題
所牽涉之情節甚為複雜，並似曾透露尚有其他對美
國更具嚴重性之考慮。余對杜勒斯先生之誠摯，並
無所疑；但鑒於渠所強調之種種困難，吾人不能不
慮及貴國政府於急盼使和約儘早觀成之際，或有屈
受英方影響之可能。余奉政府之命，再度向貴國政

府表示：我方深望貴國政府除拒絕中共參加外，將堅強支持我方參加和約，蓋拒絕中共參加，尚嫌不足也。為使美國政策一致，並使大陸上現正遭受蘇聯所扶植之偽政權殘害之人民不致灰心起見，吾人感覺美國政府必須運用其政治及道義力量，以支持我方參加和約。

藍：余完全同意閣下之情緒，並感覺由貴方簽訂對日和約，對於貴我雙方政府，均屬有利。余對杜勒斯先生所云各節，尚未獲悉。但余相信杜勒斯先生決不致忽視貴方參加和約之重要性，余當立即去電陳明貴方立場。但適如日昨奉達閣下者，關於此一問題余迄未接獲指示，而每當閣下提及此問題時，余均曾去電詢問。

葉：我方甚欲獲知貴國政府對我方參加訂約一點之態度，是否堅定不變，抑或僅以中共不參加訂約即為已足。

藍：此恰為余現正向華府詢問之事。

葉：余現欲獲知貴方政策之大概。余感覺如貴國政府決心協助我方參加訂約，必可設法說服英方不提過分反對意見。

藍：余實不知吾人可以何種方式說服英方，但余相信杜勒斯先生當如其所承允者，盡其最大之努力。余以為類此問題定將經由有關各方一再詳加研討。在我方與英方間，可能尚有其他同樣困難之問題，必須由杜勒斯先生與英方磋商。至於我方對臺灣之政策，余以為十日前魯斯克先生之演詞，已有相當顯

明之表示。

葉：余以為貴方對我方參加訂約之堅強立場，將為該項
　　政策之試金石。

藍：美國政府之負擔頗重，欲就任何事項均獲有關政
　　府同意，誠非易易。但余有相當充分之理由，相
　　信美國政府就其本身政策而－言，必支持貴方參
　　加訂約。

葉：余所欲言者，乃我方亟望獲知貴方是否將就我方參
　　加訂約一　，與英方妥協。

藍：閣下逼余殊緊。余已言及，余亦願見此事儘早得
　　以闡明，但余感覺閣下對美方在現階段中對貴方之
　　支持，似不必有所疑慮。余深知閣下自不以此為滿
　　足，閣下所欲獲知者，乃我方是否將貫徹始終。余
　　當迅即去電詢明。

2. 顧維鈞大使表明中國參加和約的態度

顧維鈞與杜勒斯第八次談話錄

時間：民國四十年六月二日

地點：美國國務院

急密。臺北外交部葉部長並請轉呈。七八九號電敬悉，
頃與杜勒斯續談我國簽約問題，告以我政府對美與其個
人主張維持我政府，深為感慰。但我對英等各國反對我
國簽字，殊為憤慨。我抵抗日本侵略最久，戰場傷亡
三百萬，人民流離失所，死亡二千萬，財產損失無數。
今彼輩對我簽字和約之權，提出反對，實背公理。即以
緬甸論，我與美合作前後二役，我軍隊死傷二萬五千

人，以此犧牲，始有今日之緬甸，參加簽約毫無問題，而反責難我國之權，焉得謂平？但我亦了解美之應付艱難，願表十分合作精神。如實有困難，我政府願考量贊成不開和會，分別簽約之辦法。彼輩即為顧全自身體面，不欲刺激中共，而欲避免與我同時簽約，我亦無堅欲與彼同席之意。不過彼表面反對我國簽字，實則未免與美爭威望。蓋如我因再反對而不得簽字，則我之國際地位即受一缺陷，亦即間接打擊美國繼續承認我政府之政策，而啟逼美改變政策之端，請杜注意。

杜謂：我亟盼和平成立，不願因貴國之反對，而使和約失敗，按目前情形，即使貴國簽字問題解決，尚有其他難題，是否和約可以訂成，亦尚無把握。

鈞問：是否指限制日本軍備及商輪噸數等問題？

杜答：此意尚有他點，雖非要點，然英、澳等國，欲彙合一起，加以規定，乃是問題。因美對日本和約政策，主張寬宥，既望日本能自立合作，即應照此原則訂約，乃英、澳、紐、加等對日仍多存戒心，欲於約內加入種種限制，自美觀之，均屬弊多利少，徒滋日本反感，使其懷恨而謀解脫報復，一如凡爾賽對德和約之為害。

鈞言：我蔣總統數年前已曾聲明對日和約不贊成報復政策，主張寬大，故我始終願竭誠與美合作。

杜謂：美甚感慰。故不願因簽約問題，而使貴國政府威望受不利影響。

鈞問：其除上次所提者外，有何其他方法在胸，足以

解除此困難？

杜答：或仍召集會議，並一律邀請國民政府代表參加
列席（附註：此列席二字並非與「出席」有別，
但外部已去電詢問得復當續呈）。但簽約之
舉，仍由各國分別行之，如南美各國，勢必有
所觀望，以待遠東各國先簽，如貴國能俟遠東
多數國家簽約同意實施後再簽，或亦是辦法。

鈞言：此與約稿第二十二條所言補簽（Adherence） 無
異，此點我決不能贊成，因此無異使我由邊門
後門進入，對我顯示歧視而損我威望，所奉政
府電中言之甚明。恐屆時我政府既不得簽約，
勢將訴諸世界輿論，以憑公斷。

杜謂我感慨既如是深刻，自不得不另籌妥貼辦法，或採
鈞週四所提不開會議而由各國自行分期簽字辦法。

鈞則請其對英商談時，仍以堅持我應簽約原則為最妥，
逼英提出折衷辦法，而歸束於上述方案。

杜謂前日鈞所言，可由中共與國民政府同時參加，亦是
辦法。

鈞答：此非我本意，不過認為對英駁辯有力之一點。

杜謂誠然，彼並知中共決不願參加簽約，但我所謂原
則，未必甚強，彼追憶帝俄革命時，巴黎和會既不允蘇
聯代表列席，亦不願俄國境內所立之反蘇政權參加，故
英等所主中共與國民政府兩不參加之議，亦有先例。

鈞言：該項政權建立於西比利亞或裏海海濱，均為蘇聯
包圍之區，情形不同。我國政府仍為聯合國及
遠委會會員，而仍得全球三分之二以上國家之

承認，此皆事實。

又詢以所言簽約，擬於何處舉行？

杜答：東京、馬尼剌、舊金山、華府等均在考慮之中，
　　　尚未定議。

談至此，主管次長魯斯克入室。杜將與鈞所談大概告
之。鈞亦謂美應堅持其立場，不可贊成英等各國之主
張，魯謂鈞向以富於方案者著，必能與杜商得圓滿解決
辦法云。顧維鈞。

3. 顧維鈞與杜勒斯談中國參加對日和約問題

民國四十年六月七日電

極密。臺北外交部葉部長。一七號電計達，頃與美外次
長談及：（一）對日和約我國簽字問題時，我朝野甚為
重視，並告以我國政府簽約之權不可漠視之種種理由，
並詢以杜在英商談二日有和報告。外次答：迄今所談係
限制日本商業等問題，我國簽約一層，尚未議到。彼問
鈞有何折衷方案，經將所告杜者兩項告之。彼云盼鈞於
杜返美後能從長商議妥善辦法。鈞謂此須杜氏在英堅持
到底，勿事遷就英方反對我簽約之態度，而如英不讓
步，寧留為懸案，蓋如美對此點接受英之主張，不啻國
民政府威望受一打擊，美之支持我國之政策，亦將遭不
利影響，東方人民素有道德亦將失望，而視美犧牲原
則。外次謂：為我計，主要點在不使一般國際輿論以對
日和約不成，歸咎我。鈞言：我期望和約成立之切，不
後他國，現所主張者，為我國應有之權利，當為世界所
公認，惟反對我者，實無充分理由。彼謂：所言東方人

民重視道德觀念，惜亞洲各國中多數均反對我國簽字。
鈞言：此為各該國當局認是錯誤，未必代表其人民真
意，仍望美對英堅持我簽約之權。彼謂此事現歸杜氏主
管，然須遵照杜總統訓令辦理云。（二）對西德結束戰
爭狀態事，鈞告我國盼與美國同時辦理，並詢以何時美
將實行。答，不甚接洽，在座中國司長則謂：前者所告
知我方者（即九五八號電陳各節），現接洽情形變更，
尚未能定期。又鈞謂與西德建立邦交事，我國政府已飭
駐法大使館設法與西德洽商，特為告知接洽。中國司長
謂恐在西德方面不無困難云。顧維鈞。

第二節 中國對金山和約所持立場

一 杜勒斯將對日和約稿交與中方

1. 顧維鈞與杜勒斯第十四次談話

時間：民國四十年七月六日

地點：美國國務院

列席：美國國務院顧問阿氏

（杜勒斯面交顧大使對日多邊和約稿一份計二十七條另附日本聲明稿二件）

杜：余擬即電藍欽公使，向貴國外交部長遞交約稿一份，並以貴國前提各項修正案，富有建設性，經美採擇不少，特請閣下對貴國政府表示美政府感意。

閣下前問及約稿首列舉各協約國名，而未列中華民國一節，余曾答約稿首未列任何協約國名屬實，但須說明稿內第二、三條列舉十四協約國名，均係多邊和約簽字國，故未列貴國。

此約稿現今始行分送各主要國，即遠東委員會各國，此外並擬分送墨西哥、巴西兩國。

稿內規定承認韓國獨立，千島及薩哈連南半島等與臺灣、澎湖同樣處置，均係貴國提出，頗有價值，均經採用。辛丑和約等，亦經照列在內。

顧：今晨報載八月將在舊金山開和約劃稿會議，九月另開正式簽約和會，確否？

杜：並無劃稿會議之說，但望正式簽字可在九月舉行。

顧：前者閣下曾言盼我對日簽訂與多邊和約大致相同之雙邊和約，是否現仍抱此主張？

杜：是。稿內第廿六條已有規定此項雙邊和約條文，應
　　與該多邊和約相同，或與其意義相同，至如貴國戰
　　爭開始日期及其他特殊問題，自可特別另加規定。
　　（下略）

2. 對日和平條約稿

頃據外交部送來藍欽面交葉部長之對日本和平條約譯文
謹將原件呈總統閱。

附註：（一）約稿中第二十三條二十六條請鈞座特予
　　　　注意。（二）現正由陳院長等會商研究中。

對日本和平條約稿
序文

　　各盟國與日本決心將其後此相互間之關係建立為獨
立平等國家間之關係，彼此友好合作，以增進共同福
利，及維持國際和平及安全，因此願締結和約，藉以解
決一切由於彼此間存在之戰爭狀態所引起之一切未決問
題，並促成日本表示對於申請加入聯合國並絕對遵守聯
合國憲章之原則，努力以求實現聯合國人權宣言之目
標，設法在其國內造成安定及福利條件，一如聯合國憲
章第五十五條及第五十六條所規定並已由戰後日本立法
所肇端者然；並在公私貿易與商業行為上遵守國際間所
接受之公平習慣等願望。

　　各盟國對於上項所述日本之各願望，表示歡迎；各
盟國與日本爰同意締結本和平條約，為此各派簽名於後
之全權代表，經將其所奉全權證書，提出互相校閱，均

屬妥善，議定條款如左：

第一章　和平

第一條

　　每一盟國與日本間之戰爭狀態，應依照本約第
　　二十三條之規定，自本約於各盟國與日本間發
　　生效力之日起即告終結。

第二章　領土

第二條

（甲）日本茲承認高麗之獨立，且放棄其對於高麗，包
　　　括濟州島（Islands of Quelpart）、巨文島（Port
　　　Hamilton）及鬱陵島（Dagelet）之一切權利，
　　　權利名義與要求。

（乙）日本茲放棄其對於臺灣及澎湖群島之一切權利，
　　　權利名義與要求。

（丙）日本茲放棄其對於千島列島，及由於一九○五年
　　　九月五日樸資茅斯條約所獲得主權之庫頁島一
　　　部份及其附近之島嶼之一切權利，權利名義與
　　　要求。

（丁）日本茲放棄其由於國際聯合會委任統治制度而具
　　　有之一切權利，權利名義與要求；並接受聯合
　　　國安全理事會於一九四七年四月二日為將前由
　　　日本委任統治之太平洋島嶼置於託管制度下而
　　　採取之行動。

（戊）日本茲放棄其在南冰洋任何區域由於日本人民之
　　　活動或由於其他方式而取得之一切權利，權利
　　　名義及利益。

（己）日本茲放棄其與於南威島（Spratly Island）及西
　　沙群島（Paracel Island）之一切權利，權利名義
　　與要求。

第三條

　　日本對於美國向聯合國所作任何將北緯二十九
　　度以南之琉球群島，多婦島以南之南方諸島（包
　　括小笠原群島、西之島、琉璜列島），及沖之
　　鳥島與南鳥島，置於託管制度之下，而以美國
　　為其唯一管理當局之建議，將予同意。在提出
　　此項建議並就此項建議採取確定性之行動以
　　前，美國有權對此等島嶼之領土暨其居民，包
　　括此等島嶼之領水，行使一切行政、立法，及
　　管轄之權力。

第四條

（甲）關於日本及其人民對於第二條及第三條所稱區
　　域之現在行政當局及其居民（包括法人）所存
　　資產，所作要求，包括債務在內，及各該行政
　　當局及其居民對於日本及其人民同樣情形之處
　　置，將由日本及各該行政當局商訂特別處理辦
　　法。任一盟國或其人民在第二條及第三條所稱
　　區域內之財產，若尚未歸還，應即依其現狀予
　　以歸還。（本約任何條款所用「人民」一辭，
　　包括法人在內）。

（乙）日本所有之海底電線，其聯接日本與依照本約而
　　脫離日本統治之領土間者，應平均分配之。日
　　本保留該電線與其相聯之終點及鄰接之一半，

該脫離之領土保留該電線其餘之一半及與終點相聯之便利。

第三章　安全

第五條

（甲）日本茲接受聯合國憲章第二條所載之義務，尤其下列各項義務：

　　　一、以和平方法解決國際爭端，俾免危及國際和平，安全及正義；

　　　二、在其國際關係上不得使用威脅或武力或以與聯合國宗旨不符之任何其他方法，侵害任何國家之領土完整或政治獨立；

　　　三、於聯合國依憲章規定而採取之任何行動盡力予以協助；並於聯合國對於任何國家採取防止或執行行動時，對該國家不給予任何協助。

（乙）各盟國證實其對日關係將以聯合國憲章第二條之原則為準繩。

（丙）各盟國在其本身方面承認日本以一主權國之資格擁有聯合國憲章第五十一條所規定單獨或集體自衛之自然權利，並承認日本得自動加入集體安全之措施。

第六條

（甲）各盟國之占領軍應於本約生效後儘早撤離日本，且在任何情形之下，其撤離不得遲於本約生效後九十日之期，但本條規定，並不妨礙外國軍隊依照或由於日本與一個或一個以上之盟國間

業已成立,或將來成立之任何雙邊或多邊協

定,而在日本境內之駐紮或留守。

(乙)所有曾供占領軍使用或至本約生效之時仍為占領

軍所占有,而未予補償之日本財產,除雙邊協

議另定辦法外,均應於本約生效後九十日內歸

還日本政府。

第四章 政治及經濟條款

第七條

(甲)每一盟國於本約在其本國與日本間生效後一年以

內,將就其戰前與日本所訂之雙邊條約中,何

者願予繼續有效或恢復生效一節,通知日本;

經此通知後之任何條約,除僅應予以必要之修

正,俾與本約相符外,應繼續有效,或恢復生

效。經此通知後之條約,應自通知之日起,三

個月後重行生效,並應向聯合國秘書處登記,

未經此通知日本之所有該項條約,應認為業已

廢止。

(乙)依照本條(甲)項所為之任何通知,得將由通知

國負責國際關係之任何領土,作為某一條約之

執行或恢復效力之例外地區,直至另行通知日

本該項例外應停止適用之日起三個月後為止。

第八條

(甲)日本將承認盟國現在或將來為結束自一九三九

年九月一日開始之戰爭狀態,而締結之一切條

約,以及盟國為恢復和平或關於恢復和平而訂

之任何其他辦法之完全效力。日本並接受為結

　　束前國際聯合會，及國際裁判常設法庭所訂之
　　各項辦法。

（乙）日本放棄其以簽字國資格得自一九一九年九月
　　十日之聖日爾曼恩雷各公約，一九三六年七月
　　二十日之蒙特婁海峽協定，及一九二三年七月
　　二十四日之洛桑條約第十六條所獲致之一切權
　　利及利益。

（丙）日本放棄依照下開各條約所取得之一切權利，權
　　利名義及利益，並免予擔負由各該條約所引起
　　之一切義務：一九三〇年一月二十日德國與各
　　債權國間之協定，及其附件，包括一九三〇年
　　五月十七日之信託協定；一九三〇年一月二十
　　日關於國際清理銀行之公約及國際清理銀行之
　　規約。日本將於本約生效後六個月內，將其對
　　於本項所稱之權利，權利名義及利益之放棄，
　　通知法蘭西共和國外交部。

第九條

　　日本將迅速與願意談判之盟國，進行關於議訂
　　為規範或限制捕魚及保存暨開發公海漁業之雙
　　邊及多邊協定之談判。

第十條

　　日本放棄在中國之一切特權及利益，包括由
　　一九〇一年九月七日在北平簽訂之最後議定
　　書，與一切附件，及補充之各換文暨文件，所
　　產生之一切利益與特權，並同意該議定書，附
　　件，換文與文件就有關日本部份，予以撤廢。

第十一條

日本接受遠東國際軍事法庭，及其他在日本境內及境外之盟國戰罪法庭之裁判，並將執行各該法庭所科予現被監禁於日本境內之日本國民之刑罰。對該項人犯之大赦，減刑及假釋權，除由於每一案件處刑之一個或數個政府決定並由日本建議外，不得行使。如該等人民係由遠東國際軍事法庭科刑者，該項權力除由參加該法庭之過半數政府決定並由日本建議外，不得行使。

第十二條

（甲）日本宣布準備迅即與每一盟國進行締結條約，或協定之談判，藉以將其貿易、航業及其他商務關係，置於穩定與友好之基礎上。

（乙）在有關條約或協定尚未締結之前，日本將於本約生效起四年期間內：

一、給予每一盟國其國民，產品及船舶，以下列各項待遇：

（子）關於關稅、規費、限制及其他施行於貨物之進口及出口或與其有關之其他規章，給予最惠國待遇。

（丑）關於船舶、航行及進口貨物，及關於自然人與法人及其利益，給予國民待遇，該項待遇並包括關於徵收稅捐、起訴及應訴訂立及執行契約、財產權，參加依照日本法律所

　　　　設立之法人，及通常關於各種商業
　　　　及職業活動行為之一切事項。
　二、保證日本國營貿易企業之對外購買及出
　　　　售，應僅以商務考慮為基礎。
（丙）但關於任何事項，日本所應給予某一盟國之國
　　　民待遇或最惠國待遇，應僅至該有關盟國關於
　　　同一事項，所給予日本以國民待遇或最惠國待
　　　遇之程度，上文所包含之互惠原則，其涉及某
　　　一盟國任何本土以外領土之產品，船舶及法人
　　　暨在該領土內有住所之人民暨涉及某一盟國之
　　　採取聯邦制度之任一州或某一省之法人，及在
　　　該州或省有住所之人民者，應參照在該領土，
　　　州或省內所給予日本之待遇決定之。
（丁）在適用本條時，如某項差別待遇辦法係基於
　　　適用該項辦法一造之商約中，所通常規定之
　　　一項例外，或基於保障該造之對外財政地
　　　位，或收支平衡之需要（除涉及船舶及航運
　　　者外），或基於保持其主要安全利益，又如
　　　該項辦法係隨情勢推移，且不以獨斷或不合
　　　理之方式適用者，則該項差別待遇辦法，不
　　　得視為對於視情形應行給予之國民待遇或最
　　　惠國待遇，有所減損。
（戊）本條（乙）項所規定之日本義務，不得因本約
　　　第十四條所規定任何盟國權利之行使而有所影
　　　響；該項之各規定亦不得不了解為限制日本因
　　　本約第十五條所採取之各項承諾。

第十三條

（甲）日本經任一盟國或數盟國之請求，締結關於國際民用航空運輸之雙邊或多邊協定時，應即迅與該盟國舉行談判。

（乙）在未與某一盟國締結該項協定前，日本在四年之期間內，對於該盟國應給予不低於在本約生效時該盟國等所行使之航空運輸權利及特權，並應在經營及擴展空運業務方面，給予完全平等之機會。

（丙）日本在未依照國際民用航空公約第九十三條之規定加入為該約之前，對於該公約內適用於航空器國際飛航之條款，應予實施，對於依照該公約條款所列載之附件內採用之標準、辦法及手續，並應予以實施。

第五章　要求及財產

第十四條

茲承認在原則上，日本雖應對其在戰爭中所引起之損害及痛苦，給予賠償，但如欲維持健全經濟，則日本缺乏對盟國給予充足賠償之能力，同時亦缺乏履行其他義務之能力。

但，一、　日本對於願意談判而其現有領土曾被日軍占領，並曾遭受日本損害之盟國願即進行談判，以求利用日本人民在製造上、救助上及對各該盟國所作之其他服務上之技能與勞力，作為協助賠償各該國修復其所受損害之費用。此項辦法應

　　避免使其他盟國增加負擔，且當需要製
　　造原料時，應由各該盟國供給，藉免以
　　任何外滙上之負擔，加諸日本。

二、（一）每一盟國應有權扣押、保留、清算
　　或以其他方式處分左列一切財產，權利及
　　利益：

（甲）屬於日本及其國民者。

（乙）為日本或其國民所代理者；及

（丙）屬於為日本或其國民所有或控制之
　　團體者。

　　而該項財產在本約生效時，即受
　　該盟國之管轄者，但左列情形不
　　在此限：

（子）在戰爭期內，經有關政府之
　　准許，居住於一未經日本占
　　領之盟國領土內日本國民之
　　財產。但在該時期內，受財
　　產所在地政府對居住於該領
　　土內之其他日本國民之財產
　　不普遍適用之辦法所限制之
　　財產，不在此限。

（丑）日本政府所有並為外交或領
　　事目的使用之一切不動產，
　　傢俱及裝備，及日本外交領
　　事人員所有之一切私人傢具
　　設備，及其他非屬投資性質

且為執行外交及領事職務所
經常必需之私人財產；

（寅）屬於宗教團體或私人慈善機
構，並純為宗教或慈善目的
使用之財產；

（卯）有關國家在本約生效前，因
與日本恢復商業及金融關係
後而生之財產權利；但由違
反有關盟國法律之交易而生
之任何權利，應予除外；

（辰）日本或其國民之義務，存在
於在日本之有形財產上之任
何權利，權利名義或利益；
存在於依照日本法律所組設
之企業上之利益，或其有關
任何證書；但此項除外規定
應僅適用於日本及其國民以
日本通用貨幣計算之義務。

（二）上述（子）款至（辰）款所稱財產，
應予歸還，但為保存及管理此項財
產而支出之合理費用得予扣除，如
任何此項財產業經清算，則應歸還
其價金。

（三）上述對日本財產扣押、保有、清算
或以其他方式處分之權利。應依照
有關盟國之法律行使之；該日本籍

　　　　　　　所有人應僅具有該項法律所給予之
　　　　　　　權利。
　　（四）盟國茲同意各在其本國情形許可範
　　　　　　　圍內對於日本優惠商標，文學及藝
　　　　　　　術上之財產權利，盡量予以優遇。
　　除本約另有規定外，盟國茲放棄其一切賠償要
求，放棄盟國及其國民對由日本及其國民在戰
爭過程中，所採行動而生之其他要求，並放棄
對於盟國占領之直接軍事費用之要求。
第十五條
（甲）自本約生效之日起九個月內，日本對於每一盟
　　　國及其國民在日本之有形及無形財產，一切權
　　　利或任何種類之利益，凡在一九四一年十二月
　　　七日至一九四五年九月二日間之任何時期曾在
　　　日本境內者，經其請求。將在此項請求日期六
　　　個月內，予以歸還；但所有人未經脅迫或詐欺
　　　而業已予以自由處分者，不在此限，此項財
　　　產，縱使因戰事而在其上設定義務，或其他費
　　　用，應不受此項義務或費用之限制而予以歸還；
　　　歸還時，亦不需任何費用，所有人未經在規定
　　　期間內請求歸還之財產，得由日本政府自行決
　　　定處分之，如此項財產於一九五一年十二月七
　　　日係在日本境內而不能歸還，或已遭受損害，
　　　則將依照日本議會於一九五一年制定之第　號
　　　法律給付賠償。
（乙）關於在戰爭中遭受損害之工業財產權利。日本

對盟國及其國民將繼續給予不低於前此日本內
閣一九四九年九月一日生效之第三○九號閣
令，一九五○年一月二十八日生效之第十二號
閣令及一九五○年二月一日生效之第九號閣令
及各該閣令之歷次修正所給與之利益，但以該
項國民依照規定之期限申請此項利益者為限。

（丙）子、日本承認：在一九四一年十二月六日存在
於日本境內有關盟國及其國民已出版，或未出
版之著作物之文學或藝術品之財產權利，業自
該日期起，繼續有效；並對於因執行當時日本
參加之公約或協定，自該日期起已在日本產生
之該項權利，或如非戰事發生，當已產生之該
項權利，予以承認，至各該公約或協定是否在
戰爭爆發之當時或其後，由日本或有關盟國以
其國內法予以廢止或暫停實施，則在所不論。

丑、著作權人無須申請及繳納任何費用，或履
行任何其他手續，其著作權利之正常有效期
間，應不包括自一九四一年十二月七日至本約
生效之日之期間在內。此項期間及另加六個月
之期間，應不包括在一文藝作品為獲得在日本
之翻譯權利而必須譯成日文之期限之內。

（註：本條（甲）項之規定，將視日本在將來
所通過之法案是否被接受而定。至（乙）項則
假定依照有關之內閣命令而提出請求之期限，
可獲展延至一九五一年九月三十日。）

第十六條

　　為對盟國軍隊人員在作日本戰俘期間，所受不
當之痛苦表示補償之願望起見，日本允將在戰
時中立之國家或與任何盟國作戰之國家內日本
及其國民所有之資產或與此項資產相等之物，
讓與萬國紅十會，由其清理，此項資產，並將
所得款項依其所認定為公允之基礎，分配與各
該戰俘及其家屬。（註：日本在泰國資產之法
律地位，應另予考慮）。

　　本約第十四條（甲）（二）、（一）（丑）至
（辰）各款所稱資產項目，不在讓與之列。　茲
並了解：本條約所規定之讓與，不適用於日本
金融企業，在國際清理銀行現所擁有之19,770
股股份。

第十七條

（甲）日本政府經任一盟國之請求，對於涉及該盟國
國民所有權案件之日本捕獲法庭所作判決或命
令，應依國際法之原則，予以復判並予修正，
並提供有關此項案件紀錄之全部文件，包括所
作判決及命令在內。此項復判或修正如顯示應
將財產恢復原狀，則本約第十五條之規定，應
適用於該項財產。

（乙）日本政府應採取必要措拖，使任一盟國國民可於
本約生效後一年以內之任何時期，向日本有關
當局申請復判在一九四一年十二月七日至本約
生效之日期間，日本法庭所作任何判決，如該

盟國國民未能在該案件中，以原告或被告之身
分，為充分之陳述，日本政府應規定，該國民
因該項判決而受損害者，將恢復其在未經審判
前之地位，或應給予在此種情形下公平允當之
救濟。

第十八條

（甲）茲承認戰爭狀態之介入，並未影響給付金錢債
務之義務，該項債務由於戰爭狀態存在以前所
有之義務契約（包括有關公債者在內）及彼時
所取得之權利而產生，現為日本政府或其國民
所欠任一盟國政府或其國民，或係任一盟國政
府或其國民所欠日本政府或其國民者。又戰爭
狀態之介入，亦不得視為影響對於戰爭狀態
發生以前，因財產所遭喪失或損害，或個人之
傷害或死亡而提出之要求，就其案情予以考慮
之義務，此項要求或由任一盟國政府向日本政
府，或由日本政府向任一盟國政府提出或重複
提出。本項之規定並不妨礙本約第十四條所授
之權利。

（乙）日本政府承認其對於日本國家戰前所負外債，
及其後宣稱由日本國家負責之組合團體所負債
務，擔負責任，並表示其盡早與其債務人就各
該債務償付之恢復問題，進行談判之意向；將
便利對戰前私人債權債務問題之談判，並便利
由此產生之款項之交付。

第十九條

（甲）日本放棄日本及其國民對盟國及其國民因戰爭或
　　　因戰爭狀態之存在，所採取之行動而生之一切
　　　要求，並放棄其由於本約生效以前，任何盟國
　　　軍隊或當局在日本領土內之留駐，軍事行動或
　　　其他行動而生之一切要求。

（乙）上述之放棄，包括對因任何盟國，自一九三九年
　　　九月一日至本約生效之日對日本船舶所採取行
　　　動而生之要求，及因盟國拘留日本戰俘及平民
　　　所生之債權與債務關係在內。

（丙）依照相互放棄之原則，日本政府亦將代表日本政
　　　府及日本國民放棄其對德國及德國國民之一切
　　　要求（包括債務在內），包括政府間之要求，
　　　及為戰時所受損失或損害而提出之要求在內，
　　　但（甲）由於在一九三九年九月一日以前所訂
　　　契約及所取得之權利而生之要求，及（乙）由
　　　於在一九四五年九月二日以後德日間貿易及金
　　　融關係而生之要求，應予除外。

第二十條

　　　日本將採取一切必要措施，俾依照一九四五年
　　　柏林會議記錄議定書，有權處分德國在日資產
　　　之各國所已或所可能決定之對該等資產之處
　　　分，得以實施；又日本在該等資產最後處分前，
　　　將負保存及管理之責。

第二十一條

　　　雖有本約第二十五條之規定，中國仍得享有第

　　十條及第十四條甲款二項所規定之利益；韓國
　　亦得享有本約第二條，第九條及第十二條所規
　　定之利益。

第六章　爭議之解決

第二十二條

　　倘本約之任何一方以為業已發生有關本約之解
　　釋，或執行而不能以其他協議方法予以解決之
　　爭議時，該項爭議，應以爭議任何一方之請求，
　　提交國際法院予以決定。日本及目前尚未加入
　　國際法院規約之各盟國，於分別批准本約時，
　　均將依照聯合國安全理事會一九四六年十月
　　十五日之決議，向國際法院書記官長遞送一概
　　括宣言，聲明對於本條所稱任何性質之爭議，
　　接受國際法院之管轄，而毋須另訂特別協定。

第七章　最後條款

第二十三條

（甲）本約應由包括日本在內之簽字國批准之，並於日
　　　本及下列國家中包括主要占領國美國在內之過
　　　半數國家，業已存放其批准文件後，即對各該
　　　批准國發生效力（此處將載明下列國家中業已
　　　簽署本約之國家名稱），即澳大利亞、緬甸、
　　　加拿大、錫蘭、法蘭西、印度、印度尼西亞、
　　　紐西蘭、巴基斯坦、菲律賓、大不列顛及北愛
　　　爾蘭聯合王國、蘇維埃社會主義共和國聯邦，
　　　及美利堅合眾國，對於此後批准之國家，本約
　　　於各該國存放其批准文件之日即發生效力。

（乙）本約如經日本批准九個月內尚未生效，任一批准
　　　國，得於日本存放批准文件之日起三年，以文
　　　件通知日本及美國政府，使本約於其本國及日
　　　本間發生效力。

第二十四條

　　　所有批准文件應送存美利堅合眾國政府，美利
　　　堅合眾國將以依照本約第二十三條（乙）款規
　　　定所送達之批准文件及任何通知，通知所有簽
　　　字國。

第二十五條

　　　本約所稱盟國，應為對日作戰並已簽署及批
　　　准本約之國家。除第二十一條另有規定外，
　　　本約對於非本條所指盟國之任何國家，不給
　　　予任何權利，權利名義或利益；又日本之任
　　　何權利，權利名義及利益，亦不因本約之任
　　　何規定而對於某一非本條約所指盟國之國家
　　　有所減削或損害。

第二十六條

　　　日本準備與簽署或加入一九四二年一月一日聯
　　　合國宣言且對日作戰而非本約簽字國之國家，
　　　訂立一與本約相同或大致相同之雙邊和約；但
　　　日方之此項義務將於本約生效後屆滿三年時終
　　　止。倘日本與任何國家成立媾和協定或有關戰
　　　爭要求之協議，而於各該協議中給予該國以較
　　　本約規定為大之利益時，則此等利益應由本約
　　　之締約國同等享受。

第二十七條

本約應送交美利堅合眾國政府檔庫存放，美利堅合眾國政府應以本約之校正無訛副本一份送致各簽字國，並以本約依照第二十三條（甲）款規定生效之日期通知各該國。

為此，左列全權代表特簽署本約，以昭信守。

一九五一年　月　日訂於　　　，約本分英文、法文、俄文、西班牙文及日文五種文字，英文、法文、俄文及西班牙文本同樣作準。

二　美國態度的轉變

藍欽公使謁晤葉公超部長談話錄

時間：民國四十年七月九日

地點：外交部

美大使館代辦藍欽公使四十年七月九日上午來部謁晤葉部長，以下為談話紀要譯文。

藍欽公使：本人奉令將此件約稿面交閣下。國務院訓令實際上係於星期六（七月七日）晚間收到，祇因其中電碼有誤，故待至今晨，始獲校繕清楚。至約稿本身，則於數日前業已收到，前已奉告閣下；惟在余收到該稿後，又有若干修改。國務院並命余轉告，院方與貴國顧大使曾就本案有頻繁之商談。照國務院所示，如日本願與貴國政府簽約，貴國政府當可同意簽訂一雙邊條約。貴國大使曾一再強調雙邊條約簽訂及其生效之

時間，應不使貴國政府處於單獨之地位。

國務院並告余：關於此點，我方能與中國政府同意至何程度，現尚無把握，蓋另有種種重要考慮……

（語至此，藍欽公使曾稍停，一若其所奉電文中已列有理由而不欲吐露者然。）但美國政府對於中國政府所提與上述相符之任何合理辦法，當予同情考慮。但無論如何，我方認為貴國政府之簽字當不可能在多邊和約簽字之前，亦不可能恰好在其同時。

顧大使本人對於貴國政府之批准和約，能否約束全部中國一節，亦表懷疑，我方曾請其考慮。貴國政府於簽訂雙邊和約之時，可否就其約束全部中國之能力一節，接受若干限制，如可予接受，則此項限制又當如何？貴國如能接受此類限制，自足便利貴方與日締結雙邊和約，但中國政府在聯合國中之地位容將因此發生困難，亦為美國政府所充分明瞭。現我方亟待貴國政府對於此點之答覆。又本人並奉命轉達，此約稿可能在七月十二日發表。

葉部長：承面交約稿，謝謝。閣下此次對於貴國政府就我國參加一事所持態度，作一明晰表示，亦為本人所樂聞。顧大使已將其與杜勒斯君談話情形報告政府，至關於閣下頃所提出之點，即限制我國簽字之約束力一節，實為我

方前所未聞。顧大使與杜勒斯君談話時，已詳細說明彼與杜勒斯君僅就此事作非正式之商談，而並未向政府請示。我方自將對此事細加研究，但余於此時必須說明：如欲我政府作一聲明限制其自身之管轄範圍，實屬極端困難之事。

藍欽公使：余亦以為然。惟無論如何，此事尚未決定，我方希望貴方能儘速處理此一問題。

葉部長：除頃已奉告者外，余尚不能討論此一問題。

藍欽公使：余前所私下奉告者，甚屬準確，於此可見，在現約稿中並無任何規定，可以解釋為將選擇與何一政府簽訂和約之權，授與日本。

葉部長：余對閣下所言，從未置疑，但閣下當亦承認，現在此項約稿實將我國問題懸而不決。

藍欽公使：誠然。我方之所以亟待貴國政府對於此點之答覆，職是之故。

葉部長：余尚有一事必須於此時提出：倘貴方將約稿於七月十二日公布，則我方不得不作一聲明，以闡明我在對日和約內之地位。照現約稿之規定，我國既未列入第二十三條之內，而除第二十六條約略之規定外，並未提及我國與日簽雙邊協定，而第二十六條之規定殊嫌不足。如貴方定於七月十二日公布約稿，則我方必須說明：由於我國與日本之特殊關係及獨特之地位，我將與日舉行談判，以便簽訂雙邊條約，該約將與多邊和約有相髣效力，

且將同時生效。深望閣下了解：如貴方於十二日公布和約，即為時僅有三日，而我方尚不能明言我將與日簽訂雙邊和約，則我威望自將受一打擊。而使我政府無以見諒於立法人員及民眾。故至盼閣下能向貴國政府建議，在我與日本之雙邊條約一事尚無結論以前，暫緩公布該約稿。

藍欽公使：貴方已否如余私下所建議者與日方接洽？

葉部長：尚未。在貴方與日洽妥及我地位穩定以前，我方自難辦理。但余有理由可信日本當局所獲印象必為日本有權選擇與何一中國簽訂雙邊和約。望閣下向國務院說明，我方與日雖無官方接觸，然余有理由可信日本當局之心理如此。日本既全然不知杜勒斯君與顧大使間之商談，而杜勒斯君與顧大使之間又尚無確定結論，則我方如於此時與日本作正式接洽，恐不免為人所笑。

藍欽公使：余於貴國政府之地位，已甚了解，當立即去電報告國務院。

三　杜勒斯與中方商討中日另訂雙邊和約問題

顧維鈞與杜勒斯第十五次談話錄

時間：民國四十年七月十日

地點：美國國務院

第 162 號。10 日。急。臺北外交部。極機密。葉部長，並請轉呈 161 頃電計達。鈞首謂：昨日藍欽公使奉令告

我兩點，我甚為詫異，茲遵訓令商請將約稿展期發表，現我立法院、黨部及報界，對我參加和約問題，十分關懷，如約稿宣布見未列我國，必群起質詢，增加我政府應付困難，至謂雙邊和約於多邊和約簽訂前，或同時由中日雙方簽訂，均不可能，尤為失望，未知是否屬確？杜所答不能展期發表一點已另電陳報。鈞又告以該約稿既即公布，恐我不得不將我國應參加之種種理由提出說明書備案並抗議。杜謂可以瞭解此舉。鈞謂但簽訂雙邊和約問題，仍應趕速解決進行。杜謂部長告知藍欽公使我擬發表聲明，說明中日特殊關係，我將與日舉行談判另簽雙邊和約，自可照行，至謂與多邊和約同時生效，似以不說為宜，已電藍欽公使轉達部長。又檢讀該去電頗長，大致同意我擬發表之聲明。而反對我說明應與多邊和約同時生效一點，謂一經說明，前反對我國者所藉口而從中作梗使我雙邊和約亦不能成立。鈞謂亦接到部長與藍欽公使談話要旨，惟據接今晨臺北電話謂此事經報告政府，詳加研究後決定，請美告知日本，即與我舉行談判商訂雙邊和約，俾能與多邊和約同時簽字。至執行和約效力問題，應俟將來批准時加以適當聲明，此時不必先行決定辦法。鈞亦以為現在多邊和約簽字日期已定，為時甚促，雙邊和約之議訂，亟應開始進行，美方可勸告日本照辦，至效力範圍問題，可告知日本將來得由日本於談判告終時，與我商談，如不得結果，美願居間幹旋，促成協議先慰之。如是則我與美對外間質詢，均可答以「中日雙邊和約已在進行中」，而釋群疑。（電一）顧維鈞。

電二當在趕譯中，一俟譯就當即補送。

顧維鈞大使華盛頓來電

民國四十年七月十日

臺北外交部極密（電二）。

杜謂效力範圍問題，如無解決方案，美方勸告日本與我訂約，難期收效。而戰後日本對國際間各種微妙關係，諸多隔閡，如該問題將來與日本商談，不易獲得效果。且與反對中日雙邊和約者，美亦無法解釋。鈞上週對此問題所談大致辦法，已否擬就具體方案？鈞答：曾試擬一式報告政府，未獲同意，勢不便再提，但望其仍照鈞最初主張，即：我政府現在意見，將此問題，待日後簽約前，商得一適當斟酌，於批准時宣布。杜謂此問題之商得諒解，殆為議訂雙邊和約之先決條件。如鈞不便續談，彼擬電藍欽公使與葉部長面商，總祈得一解決辦法。否則恐無法促成中日議約之舉。鈞答：亦好。但現離金山會議為時甚促，應速進行。杜問：中日議和，擬在何處舉行？鈞言：當在臺灣，於雙方均較方便。杜謂日本外交人材缺乏，有經驗者均經肅清，不知能否遴派適當人員？如在東京如何？鈞謂：關於初步接洽手續等問題，當可在東京辦理，最要者：是否彼能說定美贊成中日即行開議雙邊和約，並願告日本照辦。杜答手續上須得國務卿同意及洽盟總協助辦理，故至今不能以保證聲明予鈞。如我對和約效力範圍問題，能先商得一解決辦法，彼必盡力使中日談判於多邊和約簽字前，早日舉行。但恐欲於多邊和約同時簽字，實際上不易辦到。因

中日間應議問題不少，但望能與多邊和約差不多時簽字。鈞又謂：我對中日簽立雙邊和約原則，既不得已勉強接受，則金山會議是否美擬一律邀我參加？俾雙邊和約屆時如已議畢，亦能簽字，即尚未議完，不能同時簽字，以我協約國地位，我亦有參加之權。杜答不預備邀我，因該會議專為簽多邊和約云。顧維鈞。

附：美國國務院致藍欽公使電文譯文
一

美國國務院不能將預定在七月十二日，倫敦夏令時間下午三時三十分發表之對日和約約稿延期發表，深表遺憾；蓋此舉牽涉甚多國家之政府在內，且英政府已預定在國會中同時發表聲明。美國政府仍顧及中國政府之利益，竭盡所能，處理此一事項。美國政府對於中國政府發表一項闡明其立場之聲明並無異議。又如葉外長同時宣布中國政府現正計劃商訂一項內容，與多邊和約相劦，惟關於中國戰爭開始日期則較早之雙邊和約一節，亦似無任何窒礙。但吾人籲請：現時發表之任何聲明，不宜特別提及「同時生效」字樣。如將有關日本之若干牽涉予以澄清，而將涉及國民政府事實上之權力之和約關係置於現實之基礎上，則吾人相信，雙邊和約當可在多邊和約簽署後之短期內進行商談，並可期於多邊和約生效後之短期內生效。如對於「生效」一節有過於明確之闡述，則吾人深恐此舉可能使承認中華民政府之盟國，在其他盟國尚未竭盡智能，因應就緒之前，即已致力於預期結果之防阻矣。

二

顧大使前曾要求美國迅即勸促日本與國民政府商談雙邊條約。關於此事，杜勒斯指出美國與日本討論此項問題之先決條件，為明瞭國民政府是否願意在締結雙邊條約中承認一項限制，以說明日本雖係與一具有相當程度之實際權力之合法政府媾和，但日本並不因此受有束縛而必須承認中國政府之權力足使對日本之和平狀態遍及於中國全部。美方自無意勸請中國政府接受其權力之任何限制，致使中國政府在其他方面感受困難。然美國協助之能力，將因採用杜勒斯大使與顧大使近所討論之方案而增加。中國政府必須權衡利害以作決定。依照多邊和約第四條（註），日本政府應與國民政府以後者為臺灣及澎湖列島之「現在行政當局」地位商討辦法。初步討論如在此方面進行，或不無裨益，亦屬適當。

（註）：依照美國政府所提對日和約修正稿第四條，關於日本及其人民對於日本所放棄之領土之現在行政當局及其居民（包括法人）所存資產，所作要求，包括債務在內，及各該行政當局及其居民對於日本及其人民同樣情形之處置，將由日本及各該行政當局商訂特別處理辦法。

四　葉公超部長提交美方之節略

1. 葉公超與藍欽談話記錄

美國駐華大使館代辦藍欽公使於七月十一日下午五時三十分來部，葉部長當將節略一件，面交藍欽公使。以下為其後談話之簡要紀錄。

葉部長：貴國政府顯不願就我國與日本簽訂雙邊條約
　　　　之辦法，發表聲明，是則貴國確已獨斷獨行將
　　　　我國摒除於盟國之外，蓋日本因有與各盟國終
　　　　止戰爭狀態之義務也。現如由我國片面發表聲
　　　　明，表示願與日本簽訂雙邊和約，則無異由我
　　　　國向日本求和。此正為吾人所欲避免之情形。
　　　　閣下當尚記憶在上次談話中，余曾鄭重說明：
　　　　我國既被摒除於多邊條約簽字國之外，而約
　　　　稿內又未提及我國以其他方法參加和約，故在
　　　　公布約稿同時，應由貴我兩國發表聲明，此點
　　　　至為重要。余並指出，貴國如公布約稿而不發
　　　　表關於我國地位之聲明，是無異將我排除於與
　　　　日本媾和之外。如此我國將不得不公開反對第
　　　　二十三條，並公開維護我以盟國之一之地位簽
　　　　署對日和約之權利。余曾言及我方不願出此，
　　　　因此曾請貴國在與我就中日簽訂雙邊和約一事
　　　　尚未獲致協議以前，暫緩公布約稿。就杜勒斯
　　　　先生與顧大使談話情形以觀，余並未獲有絲毫
　　　　印象，以為貴國有摒除我國於和約之外之意。
　　　　然如貴國對於我國另有部署一事不作任何聲
　　　　明，則適予外間以此種印象。如此種情形為貴
　　　　國與英國於事先所商定，則杜勒斯先生所告顧
　　　　大使各節，未免誘致吾人走入錯誤印象之途。
藍欽公使：余必須說明我國從無摒除貴國之意，即在此
　　　　　時亦無此意。杜勒斯先生現仍與貴國駐華
　　　　　府大使商討，以期為貴國部署雙邊和約。

葉部長：杜勒斯先生固仍與顧大使仍在商討中，但並未
　　　　獲致協議。貴國現已決定公布和約稿而不提及
　　　　杜勒斯先生與顧大使尚在進行中之商討，因此
　　　　所產生之印象，實為我國已不復列為終止對日
　　　　戰爭狀態之盟國之一，余所曾要求貴國政府辦
　　　　理者，僅為抵銷此一令人惶惑之印象，此種印
　　　　象即貴國政府以和約主持國政府之地位已決定
　　　　不以盟國之一視我。余並未要求貴國政府作何
　　　　承諾。如貴國政府對英有所承諾，甚至不能提
　　　　及中日間之任何雙邊辦法，則余以為貴國政府
　　　　早應明白見告。

藍欽公使：閣下現乃假定我國政府將拒絕貴國之要
　　　　　求，余將再以貴國政府所處地位向國務院
　　　　　解釋。

葉部長：貴國以和約主持國地位當能了解：倘我國不能
　　　　合法終止對日戰爭狀態，則勢將引起我國對日
　　　　關係上之困難及其他可能後果，我國政府自不
　　　　能對此負責。余現以此點奉告，無意引起任何
　　　　足可資爭辯之情勢。

藍欽公使：所稱其他可能後果一詞，或可解釋為含有威
　　　　　脅之意，或可引起此種誤解。

葉部長：不然，決不能作此種解釋。如多邊和約生效
　　　　之時，中日間之戰爭狀態，仍續存在，兩國
　　　　間必將發生困難，而未必能以友好方法，予
　　　　以解決。屆時日本政既已恢復主權取得平等
　　　　地位，必將就我國若干權利及特權之法律根

據，提出異議。

藍欽公使：余明瞭部長之意，此點如列入余對政府之報
　　　　　告中，余將予以解釋。

葉部長：余望閣下將余所述各節完全報告貴國政府。
　　　　余料想貴國政府意在盡早終止對日戰爭狀
　　　　態。如此則批准和約之各盟國與日本間之戰
　　　　爭狀態，亦必終止。倘由於我國與日本間之
　　　　戰爭狀態繼續存在，因而引起爭議，則其原
　　　　因端在貴國拒絕予我機會以與貴國及其他盟
　　　　國同時終止對日戰爭狀態。此外尚有一重要
　　　　之點，應請閣下注意，貴國公布約稿而不提
　　　　及我國政府，必將激勵中共現在大陸上領導
　　　　之反美運動，且將使中共及在其束縛下之人
　　　　民以為和約中預為中共留有參加餘地。余深
　　　　知貴國無意使中共參加和約，貴國支持我政
　　　　府，而在政策上亦屬反共，然貴國所作所
　　　　為，適予人以相反之印象，至其與我威望之
　　　　不利，尤不待言。余以為我國所要求者，僅
　　　　為貴國之一種政治姿態。

藍欽公使：余知杜勒斯先生與顧大使正商談貴國與日
　　　　　本雙邊條約之適用範圍問題。此可表示我
　　　　　國亟願貴國與日本簽訂雙邊條約，但余意
　　　　　我國必須獲得其他有關國政府之同意。在
　　　　　此階段，華府方面或有困難，尚不能發表
　　　　　確定性之聲明。

葉部長：倘係如此，則何不暫緩公布約稿？即僅緩

數日，亦有好處。余不信此事將延緩和約之
簽署。

藍欽公使：此非余所知。部長所說明之若干點，余已明
瞭，想顧大使當已將此數點說明矣。

葉部長：　其中若干點已由顧大使說明，但仍望將余記
於另一紙上之各點及余口述各節報告艾契遜
先生。

藍欽公使：自當照辦。

葉部長：　余誠懇希望貴國政府仍能於公布約稿之際，
同時發表一項公告，略謂，鑒於中華民國政
在中日關係中之獨特地位，吾人將商定辦
法，俾該政府與日本議訂一項相似之雙邊和
約，該項雙邊和約將在同時簽署。

藍欽公使：閣下能否考慮將「將在同時簽署」字樣
刪去？

案部長：　余恐不能，余願保持此一請求之現有措詞。

藍欽公使：余無意於討價還價中，使部長屈居下風。余
僅欲置身於杜勒斯先生之立場。余竊思如
部長不堅持「將在同時簽署」字樣，在杜
勒斯先生方面或較易辦理。部長是否可不
提將在「同時簽署」而易以「早日簽署」
或「此項雙邊條約，一俟辦法商定，即將
由中日兩國締結之。」等字樣。

葉部長：　閣下提出此等建議，余甚感謝，然余不能在
此時考慮任何修改。甚盼閣下惠將此點照現
措詞拍往華府。

藍欽公使：如余所言，余無權在此地舉行任何談判，
然如部長堅持「將在同時簽署」字樣，余
恐此事將使我方深感困難。而貴方堅持華
府於此時對於一技術事項，有所承諾，於
貴方究無多大裨益。吾人不能單獨決定事
項。余以為貴方所欲者不過在與公布約稿
同時，發表一項聲明，藉以闡明貴方之目
前處境耳。

葉部長：誠然。但同時簽署並非一技術事項。

藍欽公使：閣下或言之成理，但余不以為貴方能將此事
在一紙簡短之聲明中，得到解決。

葉部長：余認為我方已採取一項最協調最合作之態
度，且在我方，亦不願就此結束顧大使與杜
勒斯先生現正進行之探測性談判。然余實不
解貴方何以不能發表一項簡短聲明，以提及
我方參加一項雙邊和約之事。我方既應享有
與其他盟國同等地位，貴方又何能在原則上
抑置我方於他人之後。

藍欽公使：余並不與部長辯論貴方參加和約之權，但余
認為杜勒斯先生已將其所遭遇之困難充分
告知顧大使。我方現正竭盡所能，支持貴
方以對抗遠東委員會會員國中多數國家之
意見。關於此一聲明，余適以為如部長不
堅持同時簽署等字樣，則吾人或有較大之
成功機會。

葉部長：關於此點，余之立場恐仍舊不變。關於和約

適用範圍，余今日不願與閣下討論；但余欲
言明：倘我方接受任何與我方管轄權之限制，
此一接受將被人在聯合國中用以反對我方。
尤有進者，此舉將貽蘇聯以口實，以對抗貴
方反對中共之加入聯合國。如日本希望澄清
此事，亦不能於此時為之。此一問題容可於
條約行將生效之時予以提出。余以為首要問
題乃貴方是否承認蘇聯在大陸上之侵略果
實。此點當可由此時限制我方管轄權之任何
聲明，予以推知。余以為任何此類聲明，自
始即應為貴方所反對，蓋此事與貴國政策不
合，且與聯合國憲章之原則不符也。

藍欽公使：余個人感覺，與日議訂雙邊條約之談判，應
　　　　　由貴方儘早進行。吾人最好不在理論上爭
　　　　　論過多。余必須儘速將此事電陳華府。

葉部長：承閣下來談，謝謝。

2. 葉公超部長面交藍欽公使之節略

民國四十年七月十一日

　　中華民國政府已自美利堅合眾國政府收到經修正之對日和約稿一份，並深感有將中華民國政府對於該項和約之下述立場予以重申之必要：

一、中華民國在對日和約之締結中，實具有其確定之地位，其事實根據如下：

　　（一）吾人之對日共同戰爭，係以日本於一九三一年九月十八日武裝侵略中國為起點。

　　（二）中華民國為最先抵抗日本侵略之國家。

　　（三）中華民國軍隊傷亡最重，而中國人民所受痛苦亦最深。

　　（四）中華民國對於擊敗日本有重要貢獻。

二、中華民國政府參加對日和約之權利，復有下述事實為依據：

　　（一）中華民國政府為對日宣戰及作戰之政府。

　　（二）中華民國政府向為在一切有關日本之國際機構（如盟國對日委員會）中代表中國之政府，現仍為在各該機構中代表中國之政府。

　　（三）中華民國政府為聯合國及其專門機關所承認之中國合法政府。

　　（四）中華民國政府為對日作戰或存有戰爭狀態國家之大多數所承認之中國合法政府。

三、中華民國政府早已宣布其與日本早日締結寬大和平條約之意願，為此對於對日和約之實質及其他有關

事項，均採最協調與合作之態度。

四、雖有上述各項情形，美利堅合眾國政府所準備之修正對日和約稿，竟未將中華民國包括在該和約字國之內。中華民國政府於此願剴切指出：對日和約之締結，為所有對日作戰或存有戰爭狀態各國之共同事項；任一盟國或少數盟國集團，無論採取各別或集體行動，均無權剝奪另一盟國參加媾和之平等權利，或規定該盟國參加和約之條件。故中華民國政府堅決反對該修正和約稿第二十三條之現有方式，並請美國政府以其對日本主要占領國之身分將中華民國國名加入該條所載簽字國名單之內；或如認為較屬便利，使日本擔負確定義務，以與中華民國在同時締結與美國為其他盟國所準備之多邊和約相同之雙邊和約。中華民國政府並願保留其對該修正和約稿提出其他意見之權利。

五　葉公超部長於美公布約稿後的嚴正聲明

外交部為美國政府發表對日和約稿未將中國列為簽字國一事發表嚴正聲明

民國四十年七月十三日

自日本投降以來，中國政府疊次主張各盟國應以不報復之原則，早日與日本締結和約。為達成此目的，中國政府在與美國政府共同商擬對日和約稿之過程中，一貫採取最協調最合作之態度。中國政府對於疊次美國所擬約稿提出之修正建議，亦皆本此精神，其所提之若干建議，業已納入現在之修正約稿內。

中國政府固認為該約稿大體上與其對日政策趨於一致，但對於該約稿第二十三條竟未將中國列入該約簽字國一節，不得不深表反對。中國政府一貫維護其與其他盟國處於平等地位參加締結對日和約之權。中國政府之此項權利，有下述事實為依據：

一、對日共同戰爭，係以日本於一九三一年九月十八日武裝侵略中國為起點。

二、中華民國為最先抵抗日本侵略之國家。

三、中華民國軍隊傷亡最重，中國人民所蒙受之犧牲與痛苦亦最大。

四、中華民國對於擊敗日本曾作重要之貢獻。

五、中華民國政府為對日宣戰及實際作戰之政府。

六、中華民國政府向為在有關日本之各國際機構（如盟國對日委員會）中代表中國之政府，現仍為在各該機構中代表中國之政府。

七、中華民國政府為聯合國及其各專門機關所承認之合法中國政府。

八、中華民國政府為對日作戰或存有戰爭狀態國家之大多數所承認之合法中國政府。

因此，中國政府對於該和約稿第二十三條之現有方式，已向美國政府表示嚴重抗議之意，中華民國茲嚴正聲明關於其對日媾和所應有之權利與地位，決不因該約稿第二十三條之規定而受任何影響，而對於任何不合國際道義與法理之主張，亦自不能予以接受。

六　陳誠院長對立法院臨時會的報告

陳誠院長於立法院第一次臨時會之報告

民國四十年七月十八日

我國政府關於對日和約之政策

一、遵照總統疊次所為聲明。主張以合理的寬大態度早日締結對日和約。

二、最近美國政府頗具早日促成對日和約之決心，且其一般態度與我上述主張亦較接近。故關於準備和約一節，我始終對美採取合作及協調態度。

三、關於中國參加對日和約之締結問題，美國政府所持態度，為一面反對中共參加，一面助我參加。美國政府反對中共參加之態度，頗見堅定，而其助我參加之努力，則頗嫌不足，終致其在倫敦與英方商定之和約稿第二十三條，竟未將我國列為締約國之一。

四、我對該約稿第二十三條之內容，已向美方提出抗議之意，並請其將我國補入該條規定之內，作締約國之一；但自美國政府之態度及目前國際情形觀之，我參加多邊和約之希望，實甚微薄。

五、政府自仍當設法參加對日和約。為達此目的，形式方面（例如另簽雙邊和約等），雖可不必過於拘執；而其參加條件，則必須平等，否則寧可不簽。所謂平等，係與對日作戰各盟國立於平等地位之謂，換言之，即我在和約內所享權益，不得劣於各該盟國，和約之對我生效，亦不得在對各該盟國生效之後，至如和約生效之後我再補簽，自尤非我政

府所能予以考慮。總之，政府此後決不錯過以平等地位參加對日和約之機會，在不影響我國尊嚴及國際地位之範圍內，我當進而造成此種機會並充份予以利用。

中華民國政府已自美利堅合眾國政府收到經修正之對日和約稿一份，並深感有將中華民國政府對於該項和約之下述立場予以重申之必要：

一、中華民國在對日和約之締結中，實具有其確定之地位，其事實根據如下：

（一）吾人之對日共同戰爭，係以日本於一九三一年九月十八日武裝侵略中國為起點。

（二）中華民國為最先抵抗日本侵略之國家。

（三）中華民國軍隊傷亡最重，而中國人民所受痛苦亦最深。

（四）中華民國對於擊敗日本有重要貢獻。

二、中華民國政府參加對日和約之權利，復有下述事實為依據：

（一）中華民國政府為對日宣戰及作戰之政府。

（二）中華民國政府向為在一切有關日本之國際機構（如盟國對日委員會）中代表中國之政府，現仍為在各該機構中代表中國之政府。

（三）中華民國政府為聯合國及其專門機關所承認之中國合法政府。

（四）中華民國政府為對日作戰或存有戰爭狀態國家之大多數所承認之中國合法政府。

三、中華民國政府早已宣布其與日本早日締結寬大和平

條約之意願，為此對於對日和約之實質及其他有關事項，均採最協調與合作之態度。

四、雖有上述各項情形，美利堅合眾國政府所準備之修正對日和約稿，竟未將中華民國包括在該和約簽字國之內。中華民國政府於此願剴切指出：對日和約之締結，為所有對日作戰或存有戰爭狀態各國之共同事項；任一盟國或少數盟國集團，無論採取各別或集體行動，均無權剝奪另一盟國參加媾和之平等權利，或規定該盟國參加和約之條件。故中華民國政府堅決反對該修正和約稿第二十三條之現有方式，並請美國政府以其對日本主要占領國之身分將中華民國國名加入該條約簽字國名單之內；或如認為較屬便利，使日本擔負確定義務，以與中華民國在同時締結與美國為其他盟國所準備之多邊和約相同之雙邊和約。中華民國政府並願保留其對該修正和約稿提出其他意見之權利。

第三節　英美兩國對中國簽訂對日和約之協商

一　英國對中國參加金山和約所提出的主張

1. 駐美大使顧維鈞來電

民國四十年四月十一日

臺北外交部。美國務院發言人今日公開承認，英國政府曾於十日前有備忘錄致美政府，主張邀中共參加對日和約，臺灣應歸還中國。但美政府此時不願多談美如何拒絕英之主張，僅稱美對臺政策並無變更云。又杜總統頃發表聲明謂：杜勒斯將於本週末再赴東京，與新盟總李奇威將軍及日本領袖商談對日和約問題，並願促其早與接洽云。顧維鈞。

2. 駐美大使顧維鈞來電

民國四十年四月十九日

（極密）。臺北外交部葉部長：近日此間所傳關於對日和約，英曾向美提出建議兩點事，經告譚公使詢美國務院某高級人員，並探詢能否見告一二，據答英來文簡略，報載大致與事實相距不遠，但其中載有各該記者所了解之英國對華政策越出原文範圍，英美兩方均不致即將該件發表，僅能密告英國主張邀請（Invite）中共參加談判（Participate in the Negotiations），此點美國不能同意。且美國認為（Negotiations）一字應作正式談判解釋，現階段尚係非正式。關於臺灣、澎湖領土問題，英所主張者日本應放棄（Renounce）在臺、澎主

權將其讓予中國（Ceded to China）。該員再三聲明上述密告務請勿與他方面談及。查關於臺、澎地位問題英所用字句，用心深刻，頗堪注意。顧維鈞。

二　紐約時報載杜勒斯赴英前美國對中國簽約的態度

駐美大使顧維鈞來電

民國四十年六月五日來電

臺北外交部：本日紐約時報華府專訊稱：（一）杜勒斯赴倫敦商談對日和約問題，曾奉嚴格訓令。（1）堅持國民政府簽約。（2）中共未終止其侵韓行動前，不得參加和約談判。（二）在麥帥未去職前，杜勒斯原有意折衷國府及中共軍參加簽約。但最近數週來，美政府對國府態度改善，堅持中共侵韓不終止，此事絕不能有所折衷。（三）關於臺灣問題，美政府堅持和約中規定日本放棄對臺灣一切權益，不提及臺灣將來主權歸屬問題云。所言訓令，關係美當局對內宣傳作用，抑屬真確，容探明續陳。顧維鈞。

三　英美對中國參加和約問題與和約的折衷方案

顧維鈞與杜勒斯第九次談話錄

時間：民國四十年六月十五日

地點：美國國務院

列席：美國國務院次長魯斯克

第七十號。十六日。特急。極機密，臺北外交部葉部長，並請轉呈。第六十五號電計達。杜大使首謂此次在

英與英外相等商議對日和約，關於我國簽字問題，最感困難，彼對英主張邀中共參加，堅決反對，而英對美主張我國民政府參加簽字，亦反對甚力，最後彼提折衷方案，即由若干國家與日簽訂多邊條約，另由日本自主決定與何方中國商訂大致相同之雙邊和約，英外相初甚反對，謂究與何方中國簽訂，屆時應先商諸簽訂多邊和約之國家，意欲控制日本勿與我國民政府簽約，經杜堅持以去就爭之，英外相始表同意，詎料英閣反對未能通過，彼遂離英赴法，約法運用，始得英閣重行考慮，方獲通過，乃邀杜返倫敦定議，此雖未能滿我希望，然十之九成當如我意。故彼視為交涉勝利，亦即我國民政府之勝利，蓋此面由日本與我另訂雙邊和約，頗屬合理，中日關係特殊，即與前所提戰爭開始日期，與各國情形不同，又如我國偽組織存日資產、日本在華產業、臺灣人民國籍等項問題，亦均屬特殊性質，應由中日另訂和約規定，實無損於國民政府威望，且彼一抵倫敦，即接藍欽公使報告，謂貴國葉部長曾向藍公使提出同樣方案，請美向各國探詢（Explore）意見，正與彼所見相同，現已獲得英國同意，甚為幸事。

鈞謂亦曾接葉部長電告與藍欽公使所談，曾說明此係彼個人意見，並謂僅請藍公使以向國務院探詢反響，並未請美轉詢各國意見。

杜謂此項方案，實係有利我國，現在要著，即盼我亦視彼向英所爭得者為我國勝利，一如美之看法，則可增加我國政府之威望，倘如我自認為失敗，表示不滿，則不但無濟於事，且中日間既無和約，反致損害

我國國際體面。

鈞謂是則詳報政府研究，但不能不表示鈞個人失望，現美英擬將我除外於多邊和約，而聽我另訂雙邊和約，是對我歧視，不以平等待我國，此層無論如何解說，實不能諱言，殆非以中共不能參加，而即欲憑擯除我國乎？但中共為聯合國之公敵，不許其參加，是屬正辦，我國府領導中國抗戰最久，犧牲最大，始終為忠實盟友，今以待中共者待我，善惡同科，是非何在？我國政府體面固遭損減，美之威望亦受打擊。人將視美為不顧自身之政策與主義，屈就英之主張，且中國大陸及亞洲人民，一如臺灣，素視美為自由世界之領袖，必能仗義執言，今乃贊同英之主張，將對與美比肩抗日之盟友，不予參加對日和約，則其對美之信仰，必遭反響。魯次長謂：中國大陸人民，或抱此感，亞洲其他各國，未必作如是觀。杜謂祇須我自認此方案為勝利，公開表示贊成此次美與英交涉之結果，即可無此顧慮。鈞謂：前者美訂雅爾達協定，犧牲我國東北主權匪鮮，並未與我洽商，事後囑我追認，我雖衷心甚反對，然為表示與美合作計，勉強與蘇訂約追認，甚且對外勉強聲稱為有利我國之約，然一般民眾感覺不滿，至今猶然，況蘇聯失信，水落石出，為害顯然。杜謂美訂雅爾達協定之不當，蘇聯完全背約，彼曾公開抨擊為美之失策，現對日和約所採辦法，係在萬難之中，為爭得最有利我國之解決。鈞謂按一九四二年聯合國聲明，各盟國對日共同作戰，不得單獨與日本訂立和約，今欲我國與日另訂雙邊和約，未免與該協定相違。杜謂此點曾加研究，美認為戰爭既

完，勝利既已獲得，則各國對此協定上之義務已盡。鈞謂此與向來國際慣例不同，今蘇聯與中共不願參加，固當別論，而我為忠實盟友，深願履行該協定所規定不可單獨與敵訂立和約之義務，而為他盟邦所阻，此種情形，似應表明。

杜稱：美亟望對日和約成立，俾日本能恢復主權，參加自由世界，共同防共，此屬要著，如因國民政府堅持簽約，而使和約不成，則人皆將歸咎國府，影響美與各民主國態度。鈞言，此咎不能歸我，因我簽約之權於法律公理上，均不應成為問題，且我盼望和約成立，日本參加防共之切，一如美國所云，和約失敗之咎，似應問之反對我簽約者之各國。如其堅持反對，而使和約不成，則顯然彼輩欲摒除我簽約之意，較希望和約成立為尤切尤要。不知曾否以問我者問之英國？現美國彼堅持其不合理之反對，而即接受其主張，不予我簽約，此乃實情。杜謂，英視所訂決定辦法，認為英遷就美國，倫敦報紙議論，已露此意，開始攻擊，英之反對，謂我國國府簽字，不能對大陸發生效力，此點彼無法辯駁，問鈞設身處美境地，將如何應付。鈞答：我簽字效力程度，為目前事一實問題，並不諱言，但我如不簽，則多邊和約，仍與大陸不能發生效力，而我簽字之權，乃是主權原則問題，我深盼美共同重視中華民國自由世界道德領袖地位，勿輕蔑視之，彼英以業經承認中共，而反對國民政府簽約，是徒欲顧全自身體面，而不顧美之威望。

杜答，英國之外，尚有其他未承認中共者，亦持反對。鈞言彼等反對，更不合理，況我國政府現仍為聯合國遠

東委員會及東京協約國會議之會員國，即英雖已否認我
國政府，然並未否認我在各該機構之國際地位，故彼等
反對純係政治作用，並非根據法律公理。美主我與日本
另訂和約，是否美與日政府已有諒解，日必照辦？杜答
有，且彼知日政府對我態度甚好，日臺間商務亦頗發
達，必願與我簽約而反對與中共成立關係。魯次長謂：
此項諒解不可外洩。鈞稱當然應守秘密。又問以草約中
有何規定？俾他國不能干涉日本另訂和約？杜答與英商
定之草約中，列有明文，略謂凡簽字於一九四二年一月
一日聯合國聲明而未為本和約簽約國者，日本準備另與
議簽和約，彼料南美各國，亦將另與日本訂約。鈞問：
美方意中之雙邊和約，可在何時議訂？杜答：當在多
邊和約簽字批准發生效力後，草約規定期限為三年。
鈞又問：多邊和約擬在何處簽字？是否由各國分別簽
字，不召會議共同簽字？杜答：七月間華府將開四國外
長會議，如同時舉辦對日和約簽字，易致蘇聯提出質
問，故擬在舊金山舉行，但不採和會方式。鈞問：是否
擬將美英間商定之草約交我及外長一份？一如前次辦法
以便商討？杜答：是。一經英、美兩國核准，即擬詳細
致電與他國。又謂：現經商定之草約內容，採取我國建
議不少，如關於千島等領土問題，現已改為與臺、澎一
律待遇，即僅由日本聲明放棄主權，不再言明交予蘇聯
云。統請詳加察核電示為盼。顧維鈞。

四、葉公超部長對英美折衷方案之聲明

葉公超部長與藍欽公使談話紀錄

民國四十年六月十八日（星期一）下午四時，美代辦藍欽公使應葉部長之約來部訪談，葉部長將書面談話一件遞交藍欽公使，該公使並即誦讀其譯文如左：

今日余有一要事奉告。杜勒斯君業已將傳說已久之折衷方案，在華府告知顧大使，此即杜勒斯君與英政府所商定，關於中國參加擬議中之對日和約之方案。茲欲奉告者，即我方已電飭駐美大使轉達國務院：杜勒斯君所提方案，顯有歧視性質，故我不能接受。

中國政府祇能接受與其他盟國同時參加多邊和約，或同時由全體有關盟國分別與日簽訂雙邊條約。至美政府如有其他建議，而不含有歧視因素者，我自仍願予以考慮。

顧大使業經將我不能接受所謂折衷方案之理由，充分向杜勒斯君說明，當時魯斯克君亦在座。

余別無補充意見，惟願強調：我政府代表中國與日本媾和之權，在正當立場上實無可反對。我政府為聯合國所承認之政府，對日作戰最久，而我生命財產之損失亦最大。我政府首先抵抗日本軍閥侵略，現仍為與日宣戰或宣布戰爭狀態存在之大多數國家所承認之政府。自遠東委員會及盟國對日會成立以來，我政府為在該兩委員會中代表中國之政府。

任一盟國或任何少數盟國集團，決不容有自行規定條件之權利，尤不容有自行規定其他盟國參加權之權利。在此方面余願指出：遠東委員會任務規定內之任何

條款，不得解釋為以與日媾和之決定權賦予該委員會。美國雖無意邀請蘇聯所扶植之北平偽政權參加和約，然美國未能支持我政府在與其他盟國平等之地位上參加，不僅使自由中國人民灰心，且使大陸上等待自共產統治上解放之千萬人民之希望趨於黯淡。

（中略）

葉：關於折衷方案，余願說明：任何不平等之辦法。均非吾人所能接受。我國對日作戰如此之久，且係接受日本投降之國家，自不能接受一項將由日本決定由何方代表中國簽字之辦法。此項辦法不僅使吾人之威望深受打擊，且吾人如竟予接受，則將盡失光榮。余希望在適所遞交閣下之聲明中，已將我方立場闡明。然如美國政府另行不含有歧視因素之任何辦法，我政府自仍願予以考慮。余並願預告閣下，蔣總統今晚或將公開發表聲明。閣下必知蔣總統乃係領導吾人從事八年長久抗戰之領袖。彼曾親往開羅並曾接受日本投降。因之，折衷方案所予蔣總統之刺激必較吾人中任何一人為大。總統感覺彼不得不有所說明。余相信閣下對總統之情緒及余之情緒必能了解。

藍：余甚了解。謝謝所告各節。余對閣下之情緒甚表同情。但余仍希望能設法改善此項情勢，余希望吾人並未陷於僵局。

五 英美對中國訂約問題的妥協

葉公超部長與藍欽公使談話紀錄

時間：民國四十年八月二十一日上午十時三十分

地點：外交部

藍：余攜有一項文件，原係專為余參考者，雖不應出示
　　他人，然余意似宜私下送請部長一閱。此為杜勒斯
　　先生與英國駐美大使館湯林生先生關於貴國政府參
　　加對日和約事之談話紀錄。

（以下係杜勒斯先生與湯林生先生談話之大要。湯林生
先生向杜勒斯先生證實：如日本政府選擇與國民政府簽
訂雙邊條約，英國政府並不反對；但彼指出：前在倫敦
所成立之諒解，禁止英國或美國政府以壓力加諸日本政
府，使其與國民政府或共產政府締結和約。杜勒斯先生
同意所成立之諒解確係如此，然據彼測知，日本政府願
與國民政府締結雙邊條約。杜勒斯先生乃進而與湯林生
先生討論雙邊和約之簽字及其生效之時間。湯林生先生
認為日本政府在完全取得主權以前，不能憑主權簽訂任
何條約。杜勒斯先生表示日本與國民政府之中國或共產
中國締結和約之權，與日本與其餘盟國締結和約之權，
並無二致。依杜勒斯先生之意見，唯一問題在日本究欲
與何一中國政府締結和約。杜勒斯先生並指出如日本政
府決定與國民政府之中國締結和約，則美國政府之意見
為：日本可於多邊和約簽字後之任何時間自由為之。湯
林生先生謂在向倫敦請示以前，彼不能就此問題進一步
表示意見。杜勒斯先生乃謂至於雙邊條約之生效，當可
與多邊和約之生效同時。湯林生先生謂彼必須向政府請

示意見。杜勒斯先生與湯林生先生同意：無論日本政府
願與國民政府或中共締結和約，其要端為日本不得認中
共為享有主權，亦不得承認國民政府與全部中國有事實
上之控制。湯林生先生尤著重說明：英國或美國均不得
影響日本使其承認國民政府或中共所提而無事實為依據
之要求。）

葉：余對貴國政府必須以程序問題就商於英國政府一
　　點，甚表詫異。余不能不述明：據余所獲印象，杜
　　勒斯先生在其此次與湯林生先生談話中所持態度
　　甚為軟弱。此適證實余在數月前向閣下表示之見
　　解，即：祇須貴國政府與我方再稍加支助，即可使
　　我方締結對日和約。

藍：余以為此點自屬見仁見智。杜勒斯先生現仍努力
　　使貴方儘速與日簽訂雙邊和約，並設法使其與多
　　邊和約同時生效，此節余並不懷疑。

葉：余亟盼國務院對我方在八月十三日之節略，將惠
　　速予以書面答覆。我方須確切獲知貴方就雙邊和
　　約問題已與日本商談至何種程度，及貴方在本問
　　題上已與日本獲致何種了解。閣下或已閱及日首
　　相吉田對議會之聲明，略謂：日本無權選擇與何方
　　中國政府簽訂和約；此事須由盟國決定。如吉田先
　　生所述係由衷之言，則貴方與日本之商談顯尚無
　　甚進展。誠然，吉田先生亦可能不欲議會獲悉貴
　　方在本問題上與日本政府所作之商談。

藍：余不認為我方能將未經發生之事告知貴方。此為
　　一微妙之問題，必須以微妙之手法處理之，余對

貴方亟欲將此事置於更具體之基礎上一點，甚為
了解。華府在對貴方所提各項問題全部予以答覆
之前，顯須與日英雙方作進一步之商談。

第四節　金山和約的簽訂

一　金山和會

一、五十二國參加和會

　　本年七月二十日主持對日和約之美、英二國，與阿根廷、澳洲、比利時、玻利維亞、巴西、緬甸、加拿大、錫蘭、智利、哥倫比亞、哥斯達黎加、古巴、捷克、多明尼加、厄瓜多爾、埃及、薩爾瓦多、阿比西尼亞、法國、希臘、瓜地馬拉、海地、洪都拉斯、印尼、印度、伊朗、伊拉克、黎巴嫩、利比里亞、盧森堡、墨西哥、紐西蘭、尼加拉瓜、挪威、巴基斯坦、巴拿馬、巴拉圭、秘魯、波蘭、沙地阿拉伯、敘利亞、荷蘭、菲律賓、土耳其、南非聯邦、蘇聯、烏拉圭、委內瑞拉、南斯拉夫等四十九國政府，發出請柬，邀請參加九月四日舊金山對日和會。八月二十二日，復補行邀請法國之越南、柬埔寨、老撾三聯合邦參加。除印度、緬甸及南斯拉夫拒絕接受邀請外，其餘各國均派遣代表出席和會，連同日本在內，參加和會國家，計共五十二國。

二、會前美方之佈署

　　由於蘇俄決定率同其附庸波蘭與捷克，參加舊金山和會，美國乃於會前作週密之佈署，以防範蘇聯之破壞和會或延阻和約之簽字。

　　八月三十一日，美國國務卿艾其森自華盛頓飛抵舊金山，即與其他各盟國代表舉行會議，商討在和會中之共同策略，以遏止蘇俄延阻簽訂對日和約之行動。其所考慮之策略，計有下列各點：

（一）反對蘇俄要求中共參加和會之任何建議。

（二）選舉澳洲代表團團長史班德為大會副主席，俾
　　　於葛羅米柯提出爭議時，加以阻止。

（三）採用嚴格議事規程，使辯論簡短而切要。此項
　　　議事規程之要點如次：

　　　甲、每一代表團對和約正式發表意見之時間，
　　　　　以一小時為限。

　　　乙、一國代表發言之後，非俟全體與會國家之
　　　　　代表發言完畢，不得再行發言。

　　　丙、惟有已被邀請之國家，始得參與和會。

　　　丁、對日和約以外之任何其他問題，不得提出
　　　　　討論。

三、杜魯門演說

　　對日和會於九月四日晚七時十分在舊金山歌劇院正
式開幕，儀式簡單，歷時僅三刻鐘。美總統杜魯門親蒞
致詞，其要點歸納如次：

（一）簽約之精神：締訂對日和約之精神，非為報復，
　　　而係向世界和平之目標邁進。不幸今日世界復
　　　面臨侵略之新威脅，與會之若干國家，刻正從
　　　事艱苦之戰鬥，以支持聯合國抵制國際性之違
　　　法行為。惟吾人不容目前之戰鬥，阻礙吾人為
　　　邁向和平所能盡力以取之一切步驟。吾人相信：
　　　倘日本現恢復獨立，並以相互之友誼與責任，
　　　與其他自由國家相結合，則整個求取和平之偉
　　　大努力，將獲增強。

（二）佔領之成就：盟國佔領日本之目的，旨在防止

未來日本之侵略，並將日本建為一和平而民主之國家，準備重返國際社會。據吾人判斷，上述目標，業已達成；此應歸功麥克阿瑟元帥及其繼任者李奇威將軍之卓越領導，以及日本人民本身之努力。而掃除軍國主義，廢除秘密警察及警察國家之制度、訂定新憲法、普及選舉權、婦女參政、建立自由工會、擴展農場合作事業、打破獨佔事業、實行土地改革等等，尤為日本在佔領期中之重大成就。由於此等成就，此時以完全之主權交還日本人民，乃屬可能。

（三）和約之特色：

甲、對日和約為一「言歸於好」之和約，意在瞻望未來，而非追溯過去。

乙、和約對於所有參與締約各國之重要願望與利益，均予顧及，無論對戰勝國或戰敗國而言，均為一公平之和約。

丙、和約顧及日本人民數年來在和平方面之進步，並設法建立其賡續進步之條件。

丁、和約表明日本意欲申請加入聯合國，日本人民有義務立即接受聯合國會員國之各項基本義務。

戊、和約承認日本必須有自衛之權利，以及根據聯合國憲章與其他國家共同參加區域性防禦協定之權利。

（四）美日雙邊條約：目前日本已完全解除武裝。鑒於日本鄰近之處發生公開之侵略行為，日本政

府已要求美國為日本當前之安全而簽訂一雙邊條約，根據此一條約，美國在目前將在日本保留武裝部隊，藉對國際和平及對日本抵制攻擊之防禦，盡其棉薄。

（五）日本未來之展望：在現有和約之下，日本將能參加謀求和平之國際合作。新日本將能以其豐盛之文化及其獻身於和平之熱忱，貢獻於國際社會，是乃吾人所可屬望者。

（六）美國之願望：美國尊重並支持太平洋區域及亞洲多數自由而獨立之新興國家，並願見其以平等合作者之身分成長繁榮，而為東西兩方獨立國家社會中之一員。美國願與彼等合作，協助彼等在農工業上有所發展，使其人民獲得較佳之生活，此實為導向世界和平之路。在舊金山會議中，吾人已有機會向持久和平邁進重要之一步，惟吾人仍需採取其他各項步驟，其最重要者厥為恢復韓國之和平與安全。當日本返回國際社會，及韓國人民獲得安全、自由與統一後，始可就現正威脅和平之太平洋其他各項問題，覓求解決之途徑；倘所有各方對於和平確具誠意，則現已具備甚多途徑可資遵循，以探討其次各項步驟。惟此非現有和會所能處理。

四、和會經過與蘇俄之失敗

對日和會第一次會議，於九月五日上午舉行，美國務卿艾其森以四十三票當選大會永久主席，澳外長史班德以三十一票當選為副主席，並以四十八票對三票通過

美國預擬之議事規程。

　　蘇俄代表葛羅米柯企圖建議邀請中共與會，但大會主席艾其森認為此項建議踰越議事範圍，而予制止。此後共產集團各代表相繼提出五項建議案，但均為大會所否決。

（一）波蘭代表建議成立七人委員會，另行草擬議事規程，於九月六日提出大會報告。此案經大會以四十四票對三票予以否決。

（二）蘇俄代表建議修改議事規程，其建議修改之點有三：

甲、取消發言不得超過一小時之規定。

乙、每一代表發言之後得再作補充說明，且作補充說明時毋須經主席許可。

丙、一國代表發言後，雖其他與會代表尚未全部發言完畢，仍得繼續發言。

上述各項修正建議，均為大會所否決。

（三）蘇俄代表提議當大會就延會、休會、停會作表決時，意見相反之雙方發言人，得各自提出其觀點。此議以三十三票與三票被否決。

（四）捷克代表建議成立四個委員會，分別處理政治、經濟、軍事及和約條文之草擬等問題，經以四十四票對三票被否決。

（五）議事規程經大會通過後，蘇代表葛羅米柯即詢問何時對邀請中共案進行表決；主席答以議事規程規定：「惟有已被邀請之國家始能與會」，葛氏不服此一裁定，但大會仍以四十六票對三

票通過維持主席之裁定。

對日和會第二次大會,於五日下午舉行,首由和約共同起草人美代表杜勒斯與英代表楊格就和約草擬經過及締約之目的,分別加以講解,繼墨西哥與多明尼各代表發言後,蘇俄代表葛羅米柯發表六十一分鐘之演說,除反對和約及美國擬於和約簽訂後與日本簽訂之聯防公約,並反覆指斥該二條約將為遠東招致戰爭,而其目的旨在提供美國在遠東從事侵略之陸海空軍基地外,並就和約內容提出下列各點之修正或補充:

(一)承認中共與「滿洲」及臺灣之主權。

(二)承認蘇聯對南庫頁島及千島群島之主權。

(三)重新確定日本對琉球及小笠原群島之主權。

(四)禁止外國軍隊駐在日本。

(五)規定日本應對中共、印尼、菲律賓及緬甸作賠償之支付。

(六)中共及「蒙古人民共和國」應列為必須批准和約之國家。

(七)禁止日本締結對付曾參加對日作戰之任何國家之任何聯盟。

(八)限制日本軍備為:陸軍二十五萬人;海軍二萬五千人;空軍飛機二百架。

(九)禁止日本擁有製造或試驗原子武器及「其他對人類生命有集體摧毀力量」之方法。

蘇方所提建議,踰越和會程序範圍,故當時大會未予考慮。至七日晚間之大會中,蘇代表葛羅米柯要求對五日蘇方所提修正案,加以考慮,並進行表決,惟蘇聯

集團代表與美、英代表經過二小時之激烈辯論後，主席
艾其森仍堅決裁定蘇方要求與會議程序不合，葛羅米柯
乃率同波蘭與捷克代表，退出會場，惟二分鐘後仍返回
原位，且未要求繼續發言。蓋在嚴格之會議規程下，蘇
方代表之搗亂伎倆，實已無從施展。和約遂於八日下午
如期簽字，除蘇俄、波蘭、捷克三國外，其餘所有與會
國家之代表，均參加簽字，蘇俄破壞和約之陰謀，於是
乃告全盤失敗。

五、吉田茂演說

　　日本首相吉田茂，於七日晚間之大會中，對與會
五十一國代表發表演說，宣布日本接受和約。吉田演說
大要如次：

（一）日本代表團以日本全國人民普遍熱烈之支持，接
　　　受此一公正寬大之和約。

（二）關於中國簽約問題，吉田表示：

　　　甲、對於中國因各國意見不一，致未能參加和
　　　　　會一事，日本亦感遺憾。

　　　乙、中國之貿易，對日本經濟固屬重要，但一
　　　　　般對此點常予過份之誇張。

（三）日本保證履行和約中所定之賠償義務。

（四）日本保證絕不能從事現代化戰爭，向鄰邦作軍事
　　　威脅。

（五）日本希望琉球及小笠原群島，能於不遠之將來，
　　　當世界之安全尤其亞洲之安全重行建立時，交
　　　還日本。

（六）日本希望全體盟國協助日本遣返尚未回國之

三十四萬日本戰俘。

（七）日本希望迅速獲准加入聯合國。

（八）日本將與美國締結安全條約，在此條約規定下，
　　　美軍將暫駐日本，直至共產黨與亞洲及「在日
　　　本大門口」之威脅消滅，或國際和平及安全，
　　　在聯合國或集體安全措施下，獲得保證時為
　　　止。

（九）日本決心與簽訂和約各國，建立互信互諒之關
　　　係，共同致力促進世界民主與自由。日本願與
　　　亞洲鄰國合作，並與其和平相處。

二　日本國會通過對日和約

1. 日本眾議院通過和約及安全保障條約

　　十月廿七日朝日新聞載稱：講和（對日和約）安保
（日美安全保障條約）兩約，經眾議院條約委員會審查
完畢後，提出廿六日之眾院全體會議，業經多數贊成通
過，該案首由條約委員會委員長田中萬逸（自由黨）報
告審查經過後，繼即開始討論，自由民主兩黨，對該兩
約，均表贊成，社會黨右派表示贊成和約，反對安保條
約，共產黨及社會黨左派則對於兩約，均表反對，嗣經
舉行記名式投票表決結果，兩約均以絕對多數，獲得通
過，該案當即移送參院云云。

　　按對日和約簽定後，日本輿論雖極分歧，但因自由
黨在眾院控制過半數議席，且得民主黨支持，一般人早
已豫料兩約獲得通過，決無問題，社會黨雖在眾院議席
不多，而在參院之勢力，則僅次於自由黨，奈該黨內

部意見分歧，形成左右兩派，聚訟紛紜，直至議會開會前，曾經兩次徹宵會議，終於演成分裂，即右派贊成和約，反對安保條約，而左派則對於兩約均表反對，此項主張，於眾院投票表決時，已充分反映，茲將有關數字，開列如左：

各黨議席數

眾議院					
自由黨	284	共產黨	22	社民黨	4
民主黨	66	農協黨	8	公正俱樂部	2
社會黨	54	勞農黨	4	無黨派	6
				共計：441	
				缺額： 25	

參議院			
自由黨	80	第一俱樂部	14
社會黨	61	勞農黨	5
綠風會	54	共產黨	3
民主黨	28	無黨派	1
		共計：246	
		缺額： 4	

眾議院對和約贊成及反對票數

	贊成	反對
自由黨	221	無
民主黨	49	3
社會黨右派	24	無
社會黨左派	無	16
共產黨	無	22
農協黨	7	無
勞農黨	無	4
社民黨	3	無
公正俱樂部	1	無
無黨派	2	2
共計	307	47

眾議院對安全保障條約贊成及反對票數

	贊成	反對
自由黨	234	無
民主黨	44	4
社會黨右派	無	23
社會黨左派	無	16
共產黨	無	22
農協黨	7	無
勞農黨	無	4
社民黨	2	無
公正俱樂部	無	無
無黨派	2	2
共計	289	71

　　該兩約二十六日經眾院通過後，已於該日晚間，移送參院，社會黨雖在參院握有較多議席，但既經分裂，不足為患，自由黨得綠風會之助，此案在參院能得多數通過，當亦不成問題，即使該兩約不能在參院順利通過，但依照日本憲法第六十條及第六十一條之規定：「參院自收到眾院移送之案件之日起，三十日以內，如不能決定通過或否決，則眾院之議決案，即可認為國會之議決案。」有此規定，是該兩約除非遭參院否決，始能由兩院召開聯席協議會以謀解決外，否則事實上將不能發生任何問題，故豫料參院經形式上之辯論後，最遲十一月十五日以前，當可通過該案，日政府完成該兩約批准之法定程序，自不出本年以內也。

2. 日參院通過對日和約

日參議院通過對日和約及日美安全保障條約

日本資料第六號

　　對日和約及日美安全保障條約，於十月廿六日，在

眾議院通過後，即移送參議院，經多日之辯論後，已於十一月十八日經記名投票表決結果，獲多數贊成而通過，至此，日政府召開十二屆臨時國會之主要目的，已告達成，日內閣於十八日夜間，召開臨時閣議，復經全場一致予以批准，吉田當即以內閣總理及外務大臣之身分，簽名蓋章於事先備妥之批准書內，依照憲法之規定，天皇對於媾和，並不負政治上之責任，僅須對內閣之建議，予以簽署，即為已足，是日日皇適在近畿旅行，該項批准書，為取得日皇簽署，當由內閣副秘書長劍木攜赴行在，十九日下午，於奈良縣縣長官舍內，由日皇親自署名蓋印，關於批准之一切法律手續，至此遂告完成，該兩約之批准書，定於日內由前外務省情報部長田付景一（新任日內瓦事務所長）於赴日內瓦就任之便，攜往華盛頓，再由駐華盛頓武內事務所長將和約批准書送交美國國務院，日期豫定為十二月一日，至安全保障條約之批准書，須俟美國國會批准後互換，其日期現尚不能確定。

先是，該兩約移送參院後，日政府及自由黨方面，於排定議事日程時，豫定十一月十五日，即可獲得通過，並將此種估計，暗中告知盟總，嗣因在野各黨派，多方阻撓，而吉田在參院開會期間，甚少出席條約委員會，復引起在野黨之不滿，於是以未得首相親自答覆須保留各項質詢為理由，拖延至十七日，該日上午吉田親自到院，將各項質詢，應付完畢後，延至下午五時，條約委員會，始行宣告討論完畢，將兩案提交總會，日政府與自由黨，事先得綠風會及民主黨之諒解，擬於該日

夜間完成表決手續，由內閣秘書長岡崎勝男，駐會督促
自由黨議員進行，而綠風及民主兩派，則對此種督戰辦
法，深致不滿，且不懾於吉田之態度，遂致臨時發生齟
齬，十七日適為星期六，政府方面，因有對盟總之信用
問題，故屢以對國際之影響為言，堅主即日表決，而在
野各派，則謂吉田欲於該日獲得通過，以便次日星期，
可以安心赴大磯休養，實屬先私後公，故力主延至次日
再行討論，爭執結果，仍由自由黨讓步，改於十八日票
決，事後某記者曾稱，如吉田能以在金山和會之笑容一
半投諸國會當不致遭此困難云云，此點雖係小事，亦可
見日本議會空氣之一斑也。

茲將參院對兩約贊成及反與票數內容列左：

對日和約

	贊成	反對
自由黨	74	無
綠風會	43	1
社會黨左派	無	30
社會黨右派	26	無
民主黨	24	無
第一俱樂部	7	6
勞農黨	無	5
共產黨	無	3
無黨派	無	無
共計	174	45

安全保障條約

	贊成	反對
自由黨	74	無
綠風會	42	1
社會黨左派	無	30
社會黨右派	無	29

	贊成	反對
民主黨	26	無
第一俱樂部	5	8
勞農黨	無	5
共產黨	無	3
無黨派	無	無
共計	147	76

（各黨在參院所佔議席數已詳本部日本資料第四號）

　　本屆國會，原以審議兩約為主要課題，回溯四十日以來，兩院議員之質詢，及政府首長之答覆，其內容頗能反映日本國民之意見及當局之見解，茲根據國會記錄，綜合觀察如下：（此節取材於每日及朝日等報紙）

一、對日和約部份：中、印兩國一則未被邀請，一則雖被邀請，而拒絕參加，其餘菲律賓、印尼等亞洲國家，則對於和約內容，極表不滿，日本已成為亞洲之孤兒，似此日本欲向東南亞發展貿易，以謀經濟上之自足，殆不可能，此點為在野各黨派攻擊政府之主要論據，彼等反對「向美一面倒」之政策，而主張堅持亞洲民族之特色與獨立性，並主張與中共建立友好關係，政府方面則認為就和約之條款言，固不無使日本忍辱負重之處，但就和約全體言，實未失去和解及信賴之精神。

（甲）領土問題：日本喪失朝鮮、臺灣等百分之四十五之領土，固為接受波茨坦宣言之必然結果，無法變更，但千島列島等，並非由侵略得來之領土，亦同遭割裂，實屬違反波茨坦宣言，而為一種新的侵略，此點在野黨反對最烈，而政府及執政黨，亦同時引為遺憾。

（乙）託管問題：琉球、小笠原群島等，北緯二十九度
　　　以南之領土，亦係日本歷史上舊有之領土，劃歸
　　　託管，似與聯合國憲章，未盡符合，託管之目
　　　的，在領導受託管地區之居民，趨向獨立或自治
　　　之途徑，似此，則日本對該項島嶼之主權，恐將
　　　日趨消滅，而政府謂主權依然存在，未免自欺欺
　　　人，如謂基於戰略上之必要，儘可仿照安保（安
　　　全保障）條約，對於日本本土之辦法，仍由美軍
　　　駐屯，而不必付諸託管，故託管云云，仍不外
　　　為美國去名取實之領土分割，否則即為西方國家
　　　監視日本之用心，以上為反對黨所持之理由，政
　　　府方面，對於此點之答覆，頗感困難，政府之解
　　　釋，約為以下三點：（1）對於日本猶有餘悸之
　　　菲律賓等國，主張明白規定日本放棄該項島嶼，
　　　而其他同情日本之國家。則主張交還日本，爭執
　　　不決，因此交付託管，作為折衷方案。（2）美
　　　國對於託管問題，將暫時擱置不談，而維持現
　　　狀，至行政、立法、司法三權之如何行使，或將
　　　與日本政府洽商。（3）經過如此，政府實無能
　　　為力。吾人只有信賴美國之善意處置。
（丙）沒收在外資產問題：中南美諸國，並未受戰爭之
　　　損害，而日本在各該國財產，一律充作賠償，實
　　　屬不合理之規定，至於與日本之間並無戰爭關係
　　　之中立國，以及在軸心國家之日本財產，亦全被
　　　沒收，尤為國際間之創例，對於在野黨此種批
　　　評，政府未作明白答覆。

（丁）對於盟國財產之賠償問題，由於盟國之盲目轟
炸，及歷史上最殘酷之原子彈襲擊。日本人受創
至鉅，盟國既強迫日本放棄補償此種損害之要
求，而盟國在日財產，由於同樣原因所受之損
失，則令日本擔負賠償責任，未免於理不合，對
於此項主張，政府謂日本人應反省自身引起戰爭
之責任。

（戊）美援問題：美國之對日援助，國民僉認為係一種
贈予，而深致感謝，政府竟稱為「間接占領費」
並謂有償還義務，未免可笑，對於此點，政府未
明白作答。

（己）中國問題：反對黨方面，多數重觀煤鹽鐵砂等重
要資源，力主發展對中共貿易，另有一部，亟
欲獲知政府究將選擇何一中國政府，關於貿易部
份，政府表示消極態度，謂無寧致力於東南亞貿
易，以謀代替，關於選擇何一中國問題，迄無明
白表示。

二、日美安全保障條約部份：社會黨指此約規定外國
軍隊駐屯日本國內，為違反憲法，此種以武力謀
求和平之方法，實與日本憲法之精神相抵觸云
云，民主黨則謂「有獨立始有憲法」，故主張重
整軍備；其他在野黨派指摘「為協助日本維持國
內治安，駐屯軍得採行動」一點，為干涉內政，
且謂有隨時受壓迫之危險，故主張此種條約，應
俟和約生效後，再行商討簽定，政府方面則始終
以「真空理論」為基礎而作種種說明。

（甲）重整軍備問題：對日和約，並無限制日本軍備之
規定，此點實與安全保障條約，在內容上有密切
之關聯，安全保障條約前文中，說明期待日本之
自衛力量能漸見增強，是對於日本之重整軍備，
雖不在法條上有所強求，而在精神上實含有獎勵
意味，且安全保障條約，既明言係基於日本方面
之希望而締結，但不能由於日本片面之希望而廢
止，又不訂明有效期間，實為一種不平等條約，
此為社會黨、勞農黨及共產黨等之論調，此等黨
派，強調維護現行憲法，並對日本軍國主義之復
活，及民主主義之消滅，表示憂疑，民主黨之論
調，則顯有不同。該黨主張加強警察預備隊，並
修改憲法，以便立即重整軍備，然後與美國以平
等之地位，訂立相互援助條約，政府方面，則稱
重整軍備，為目前財政狀況所不許，且是否應即
整軍問題，應取決於全國人民之自由意志。

（乙）行政協定問題：在野各黨派，認為安全保障條約
內容極為簡單，關於美軍取得特派地位，損害日
本國權，增加人民負擔等實際問題，均將在行政
協定內規定，而政府對於該項協定內容，又秘而
不宣，是無異迫使國會，將有關國計民生之重大
問題，授權政府自由處理。故一致強烈表示，將
追究到底，政府方面表示，簽定該項協定時，仍
將作一種法案及預算案，提請國會審查。

第二章　中日雙邊和約前的籌議

第二章　中日雙邊和約前的籌議

第一節　美國提議締結雙邊和約

一　藍欽公使提議締約的兩種方式

葉公超部長與藍欽公使談話紀錄

時間：民國四十年六月六日

地點：外交部

（前段係關於留緬國軍等事項，茲從略）

藍：關於對日和約事，閣下近曾自駐美大使處獲悉何項消息否？

葉：顧大使曾與杜勒斯君晤談三次，然貴國政府對於我政府參加事，似不欲盡全力支助，殊屬憾事。余與閣下前次晤談時，曾提及此點。現貴國政府是否願意運用力量堅持我參加，則吾人尚不甚明瞭。

藍：尚未奉到國務院訓令，惟近曾研讀各種報告及可靠新聞報導，綜合以觀，貴國政府參加和約事似須就下列兩種方式，任擇其一：（一）在其他盟國與日本簽約之同時，由貴國與日本另簽一約，內容大致相同。易言之，即其他盟國與日簽一多邊條約，而貴國與日本則另簽一條約。貴國之簽約與其他盟國同時舉行。（二）另一辦法為貴國亦在多邊條約上簽署，惟在時間上較晚，如在其他國家簽約並予以批准後之三個月或六個月。余必須重行說明者，即余並未奉國務院訓令，所得結論，亦係自出心裁，僅供參考。如予引用，請勿說明來源，蓋余所為結

論，容非正確故也。照余觀察，貴國政府須不與撤銷對貴國政府之承認之國家在同一時間簽約，或須不在同一文件上簽字，如何能避免此項技術性之困難，實為問題所在。余意上述兩辦法實為貴國政府所僅有之途徑。至於美國之支助，余敢謂其堅強之程度，實較貴方所想像者為甚。倘我方有意摒除貴國政府，則決不敢將約稿送交貴方。且照目前國會中之情形而言，余料想國務院如故意將貴國政府摒除於對日和約之外，勢將遭遇反對。此點國務院必已了然。

葉：我方決不能接受任何有歧視性之辦法。閣下所提第二辦法，實與「加入」（Adherence）無異。我方願與其他盟國在平等地位上簽約，否則我方將不得不對此事決定自行採取之步驟。我政府實有完全權利參加和約。

藍：在法律上，貴國與美國有同等權利，此點余亦同意，惟此為一政治問題。余意上述第一辦法似較合理，且可使貴國政府獲一機會表明貴國與日本具有特殊關係，且為維持貴國之威望計，貴國亦可說明因與日本有特殊關係，故願分別簽約。

葉：君意日本對此項辦法之態度如何？

藍：此非余所知。但如美國堅強支持此項辦法，而貴國亦予接受，日本當不敢拒絕。

葉：此事或尚有其他辦法，但余意我方必須獲得貴國政府若干政策表示。如貴國政府確欲堅持我政府參加和約，斯為討論各項方案之時。

藍：此點余自表同意，余亦曾設法求得了解，但如前所言，以上為余個人之想法，貴國政府或願對該兩辦法，加以考慮。

葉：閣下之建議，余甚為感謝。仍望閣下能對華府方面，稍加推動。

藍；前承見告貴國政府必須參加簽約，余深以為然。蓋如不參加自將予貴國一大打擊。余如處於貴方之地位。亦決不放棄與日本簽約之任何機會。亦不願因程序上之微細差別而感困惱也。

葉：程序上之微細差別與歧視性辦法，究屬兩事。

藍：余亦明瞭，無論如何，望閣下勿以余之意見作為官方意見。

葉：余自了解。謝謝。

二　中國政府決定提出兩種方案

葉公超部長與藍欽公使談話紀錄

民國四十年六月十八日（星期一）下午四時，美代辦藍欽公使應葉部長之約來部訪談，葉部長將書面談話一件遞交藍欽公使，並即誦讀其譯文如左：

今日余有一要事奉告：杜勒斯君業已將傳說已久之折衷方案在華府告知顧大使，此即杜勒斯君與英政府所商定，關於中國參加擬議中之對日和約之方案。茲欲奉告者，即我方已電飭駐美大使轉達國務院：杜勒斯君所提方案，顯有歧視性質，故我不能接受。

中國政府祇能接受與其他盟國同時參加多邊和約，或同時由全體有關盟國分別與日簽訂雙邊條約。至美政

2

府如有其他建議，而不含有歧視因素者，我自仍願予以考慮。顧大使業經將我不能接受所謂折衷方案之理由，充分向杜勒斯君說明，當時魯斯克君亦在座。

余別無補充意見，惟願強調：我政府代表中國與日本媾和之權，在正當立場上實無可反對。我政府為聯合國所承認之政府，對日作戰最久，而我生命財產之損失亦最大。我政府首先抵抗日本軍閥侵略，現仍為對日宣戰或宣布戰爭狀態存在之大多數國家所承認之政府。自遠東委員會及盟國對日委員會成立以來，我政府為在該兩委員曾中代表中國之政府。

任一盟國或任何少數盟國集團，決不容有自行規定條件之權利，尤不容有自行規定其他盟國參加權之權利。在此方面余願指出：遠東委員會任務規定內之任何條款，不得解釋為以與日媾和之決定權賦予該委員會。美國雖無意邀請蘇聯所扶植之北平偽政權參加和約，然美國未能支持我政府在與其他盟國平等之地位上參加，不僅使自由中國人民灰心，且使大陸上等待自共產統治下解放之千萬人民之希望趨於黯淡。

余察及杜勒斯君曾引閣下向國務院之報告，謂余曾向閣下建議關於我政府參加和約之同樣折衷方案，余深為詫異。蓋閣下於六月六日將個人觀察所得見示。認為我或須就二種方案，考慮抉擇其一。當時余並未表示任何意見。迨翌日再晤，余向閣下說明第二案與「加入」（Adherence）無異，至於第一案，余曾詢閣下究係表示個人意見抑已接奉政府訓令，閣下當經答覆未奉訓令。嗣後余詢閣下是否願就此事探明政府之態度。當時

胡次長慶育在座。彼與余均不能憶及余當時曾作何建議
或作何項接受。望閣下向國務院加以說明。

藍：（提及書面談話末段）其中定有誤解。余僅於電文
　　中述及閣下不反對由余探測各項可能性。余所言及
　　者，並非一項建議，尤非閣下有任何接受之意。

葉：杜勒斯先生向顧大使引用余語竟失實至如此程度，
　　使余甚表驚愕。今日出版之新聞周刊復刊載下列一
　　段：「中國國民政府外交部長通知美國國務院稱，
　　其政府對於在簽訂多邊協定同時由國府簽訂雙邊條
　　約一項辦法，表示滿意。」其所為紀載較諸杜氏
　　之錯誤為尤甚，此事甚為嚴重。此方一項錯誤之敘
　　述，且走漏消息。

藍：此誠屬萬分不幸。余對電文之措詞甚為謹慎；不知
　　何以發生此事。華府方面定必有處置失當之處。

葉：余希望閣下能設法改正此項錯誤之印象。余甚願杜
　　勒斯先生或魯斯克先生能對顧大使言明，此乃一項
　　不正確之述意。顧大使可能認為余與閣下曾舉行談
　　判，而事實並非如此。彼或以為彼與杜勒斯先生之
　　商談尚在進行中，而余已有所承諾。余希望閣下能
　　自國務院得一答覆，證實國務院對於余與閣下間實
　　際上所談所為之了解。

藍：余將立即與國務院通訊，並將結果轉達閣下。

葉：關於折衷方案，余願說明：任何不平等之辦法。均
　　非吾人所能接受。我國與日作戰如此之久，且係接
　　受日本投降之國家，自不能接受一項將由日本決定
　　由何方代表中國簽字之辦法。此項辦法不僅使吾人

之威望深受打擊,且吾人如竟予接受,則將盡失光
榮。余希望在適所遞交閣下之聲明中,已將我方立
場闡明,然如美國政府另行提出不含有歧視因素之
任何辦法,我政府自仍願予以考慮。余並願預告閣
下,蔣總統今晚或將公開發表聲明。閣下必知蔣總
統乃係領導吾人從事八年長久抗戰之領袖。彼曾親
往開羅並曾接受日本投降。因之,折衷方案所予蔣
總統之刺激必較吾人中任何一人為大,總統感覺彼
不得不有所說明。余相信閣下對總統之情緒及余之
情緒必能了解。

藍:余甚了解,謝謝所告各節,余對閣下之情緒甚表同
情,但余仍希望能設法改善此項情勢,吾人並未陷
於僵局。

三　顧維鈞大使向美方提出兩點補充修正辦法

顧維鈞與杜勒斯第十一次談話

時間:民國四十年六月二十一日

地點:美國國務院

第 93 號。21 日。極密。臺北外交部葉部長,並請轉呈
91 號電計達。鈞告杜:日昨因魯次長認我政府所提兩
項可以接受之方案,均有困難。鈞曾提補充修正辦法兩
點問杜意見,即:

(甲)規定一簽多邊條約時期,一星期至一旬均可在此
期中,由各國及我國,各自酌定時日簽約,我亦無意爭
簽於各國。(乙)由我簽訂雙邊和約,但在各國簽訂多
邊和約之先,祇須美與日本接洽,即由我中日雙方開始

臺北外交部（續）於我固不利，而於日本及各協約國亦多窒礙不便，例如：（一）我不同時簽約，則中日間戰爭狀態未終，中共受蘇聯指使，彼此勾結，可援引聯合國憲章第一〇七條（註一），對日本行使武力加以壓迫，其時日本將遭危險。杜謂：即使貴國已同時簽訂，中共焉能承認貴國簽字有效？鈞答：協約國乃可聲明：中日間已恢復和平，中共無權援引該條，如是協約國於法律上佔一優勝地位。杜謂：美於此點，亦曾加考慮，以為聯合國可根據憲章第二條第六項（註二），採取辦法制止，並於和約稿內，規定日本擔任予聯合國以種種支助，但詳細辦法，尚須與日商訂。（二）鈞問：對日和約，究擬於韓戰解決之前簽訂？抑擬在其解決之後？如在先簽訂，則將來日本既已因和約生效，而恢復主權與獨立，則美即不能繼續以日本為對韓作戰基地，且將予中共、蘇聯藉口，而執行中共與蘇聯之互助條約以對日。杜謂：現擬於韓戰解決前簽訂，而希望於一年後批准生效（察其語意，以為其時韓戰當已解決。）彼又謂中、蘇互助條約，已在施行。鈞答：目前似專對美，將來並以對日本而於千島等派駐重兵，對日壓迫。杜謂：可能。（又檢示英國週刊政治家社論「在英政府對美方案失效之前」略稱英政府對中國簽約問題，當堅持其立場。即日本與華何方面訂約須經簽字協約國同意，萬不可接受杜氏所提折衷方案，否則一年後，將見美、日與國民政府打成一片，擴大韓戰，共同對付中共。）杜謂此是一年後將發現之事，故盼能瞭解彼以去就力爭得英方同意之方案，實屬有利我國，我國應遠看。並謂此次

來參加談話，可由渠詳答。（二）鈞乃詢問以前週我所
提兩項辦法，彼考慮後，有何意見？並告以甲項定期分
簽多邊和約辦法，如我簽在英等之後，英等不應提出對
我代表全權簽字證書能否承認問題，祇須主持和約之美
國，以續承認我政府，故不加反對，當無問題，及對日
和約為規定之盟國對日之關係，並非為規定各盟國間之
關係，且既往國際公法已成立者不少，其簽字國彼此之
間，並非均有正式外交關係。杜謂此層未曾想到，頗值
注意。鈞又謂如此方案實難通過，則我可勉允簽訂雙邊
和約，但須先簽，則與外說明方案之成理，消除歧視之
疑。杜謂彼意此項雙邊條約，應簽於各盟國多邊和約之
後，而其發生效力則可在（此處似有脫漏）。鈞問：其
約須若干時期？答：約在一年之後，因多邊和約簽字須
在九月，其時美議院當將休會，須候明年一月開始討論
批准問題，徵集各界領袖出席陳述意見需時，且同時尚
有與日、澳、紐各盟國雙邊互助協約，須同時討論，批
准須至明春方能通過。（三）鈞謂：任何辦法，務須避
免對我歧視，否則不但有損我國府體面，且對大陸上切
望早日解放之民眾，予以心理上之打擊，亦有礙盟國前
途。如前美方所擬發表之宣言謂：由日本決定選擇與中
國何方簽訂和約，實使我難堪。杜問是否我願於多邊和
約內規定由盟國決定？並謂此即為英所堅持，經彼竭力
反對而作罷者。鈞言：我意該項宣言並無發表必要，可
待至簽約時作適當之聲明。杜答彼原望一經宣言，則與
英所訂諒解，可免認為定案，現加細思，亦以放棄該項
宣言為宜，且自今至簽約之日，其間局勢之變化如何，

亦難斷定。（四）鈞謂：如須由我與日另訂雙邊和約，則應及早與日本開始談判，俾能簽字於多邊之先。前承其密告：美與日本已有諒解，由日本與國府簽訂。杜謂：是，但須守秘密，英雖未明白同意，亦不至反對。鈞謂：聞駐東京英代表一月來，時與日本接洽，頗堪注意。杜答：當係探詢關於日本航業、紗布工業等問題，未聞有關貴國簽約問題。鈞謂：我又得東京消息，日本對盟國擬予以對華選擇何方訂立和約之權，受寵若驚，似願見此點由聯合國決定，誠非辦法。杜謂：美亦不能贊成。（五）鈞再問對我所提兩方案中，何者為彼可同意？彼答由我簽訂雙邊條約，為其所望，設我先簽，彼尚須考慮，今日彼不能作答，但以為此項辦法，似與倫敦諒解並不抵觸。彼料將來印度、法、紐及南美諸國，或亦願與日另訂雙邊和約，不過彼輩擬簽者未必與多邊和約大致相同。而杜則以為我國之雙邊和約，除中、日間若干特別問題外，其餘內容，應與多邊和約完全相同。此亦為保持我國府體面，彼盼我對此問題，勿過事催迫，彼素對我懷好感，自必竭其智能，於不使對日和約失敗之條件下，設法商得一有利我國之方案。上星期日，彼於紐約廣播曾聲明與我國民政府討論美提對日和約草稿，頗為詳盡。我國所提各種修正，富有見地，均經採列納內。又謂紐約州長杜威，今夏原擬赴歐考察，經其商勸，改赴臺灣與遠東。杜州長向對我國友好，此結果亦必有利我國前途。我對雙邊條約，先簽後簽，一年之後，人皆忘却，最要者，我國對日亦當有和約，使中日間發展共同利益。鈞答：鈞亦深感閣下之友誼，願

與閣下之共同努力，覓得一種方案，可使中美兩方，均不至陷於困難者，且亦勿過事急切。彼答甚是，且美政府原定於本週將所商約稿，通知英閣，現聞須待至下週。鈞問：該項約稿何時可以分送？彼答下週，屆時深願交我一份云。（六）鈞問幫次長：以韓戰停戰最近發展？彼答蘇外次長告美大使，可由聯合國及南韓軍隊將領，與北韓軍隊及中共志願軍將領在前線洽商，不必涉及政治及領土問題，現美正與參戰各國接洽，但對蘇聯提議用意，仍多懷疑，不得不出諸十分審慎。對於各種軍事上保障，須詳細商討規定。鈞對杜詢謂如韓戰解決，是否蘇方將要求參加對日和約？杜答：未必，因其反對最深者，係琉球歸美保持，視為目中釘，不能同意。其他問題，如美在日本駐紮軍隊，設空軍基地，均尚能勉強承受，英對後者二點，亦不願見之於多邊約內，故現均改列於美日間雙邊協約之內，故與日簽訂雙邊條約者，將來必不祇我一國云。顧維鈞。

第二節 雙邊條約適用範圍的商討

一 杜勒斯首先提出條約實施範圍問題

顧維鈞與杜勒斯第十三次談話

時間：民國四十年七月三日

地點：美國國務院

第 132 號。3 日。極密。臺北外交部葉部長，並請轉呈 837 號電敬悉。今晨應杜大使邀請續談據謂：前此研究日本與國民政府商訂雙邊和約，祇言原則，未及實際如何能向日本說明國民政府簽約之權力問題，並非欲強日本承認國民政府對大陸仍有權力執和約。並謂，鈞亦曾提及國民政府目前與大陸不能執行其所簽之和約，但應如前說明，俾日本與各協約國不致誤會，而能同意我與日本簽訂雙邊和約，同時並不因我自認權力不及大陸，而影響我現有之國際地位，致一班在國際機構中反對我國民政府之代表權者有所藉口，彼願與鈞共同研討。並告在座之麥幫次長謂，彼與鈞數次共事有三年餘，曾渡過好多問題。鈞答鈞對我執行和約權力問題，並未自動提起，不過因杜說反對我平等參加和約者，以此為藉口，故曾說明此為事實問題，與我公法上簽訂和約之權為兩事。

又告以鈞對此問題，亦曾加研究，但尚未報告政府請示。以鈞個人意見認為：雙邊和約效力問題，應分兩階段研究。第一步商議簽訂應無問題。我國民政府為抗日協約國之一，為各項國際機構之會員國，且仍為多數國家承認者，今以中華民國名義與日本訂立和約終止戰爭

狀態，乃為國民政府之權利，不應成為問題。至於將來
批准後效力之程度，乃事實問題。我認中共在大陸為對
國民政府之反叛，致我一時不能執行和約。然此問題日
本可待至將來雙方批准後發生效力時，斟酌情形而作適
當聲明（電一）。顧維鈞。

奉 837 號去電：希擇明我國是否列入約首約稿先分送我
國否。機要室註。

臺北外交部（電二）。在我國民政府不便，當亦不願發
表任何聲明，杜認鈞所言仍未答其所問。因彼欲於此時
勸日本與我國民政府商訂和約，並促各主要協約國一致
照此步驟，不加反對，而加、澳、紐等國仍以中國國民
政府對大陸執行和約權力問題為藉口，日本或亦以為
問，誠不易作答。彼固知國民政府占有臺灣及附近各
島，統治八百萬人民，擁有五十萬常備軍力，且在南部
大陸上，有一部份游擊隊，受其節制，其對和約所表意
見，亦可認為代表一般中國人民之意見，又為國際上多
數國家所承認者，故今承認其對日簽訂和約，終止戰爭
狀態之權，尚屬合理，然欲認其為對整個大陸或對華北
仍有權代表簽約，並有力執行和約，似屬虛想。鈞謂：
我對約稿所提各修正案，均為整個中華人民福利著想，
非為我國政府自身打算，故我代表簽約之權，不應成為
問題。全和約實施效力範圍，則應待至和約批准後發生
效力時，再商定應否由日本發表適當聲明。此時不必由
任何方面作何宣言表示。杜答此或是解決辦法，但仍請
吾加考慮。不過此時應如何向日本說明，俾能與我進行
商訂和約。如由日本自行決定，彼以我認為有損體面，

似非我所願，而美亦不願見日本倒入共黨勢力方面。

鈞言：聞日本亦不願負此選擇責任，而感左右為難。

又告以我對平等參加多邊和約仍甚重視，深盼其亦尚在考慮，並未放棄。

杜答彼不肯輕易放棄任何可能之解決辦法，但彼以為我簽訂多邊和約之可能，頗屬渺茫。

鈞又謂：我接東京消息，謂多邊和約稿首未列我中華民
　　　　國名稱，我政府認為甚不適當。

杜答：並非事實。

並檢約稿示鈞，指稱稿首祇言協約國與日本云云，未列任何協約國名，又謂彼盼將稿內尚在修改中之一、二點決定後，願即交我一份參考。並約定俟鈞對彼今晨所提問題研究後，再商談云。請察核我政府意旨如何，並請電正俾有遵循。顧維鈞。

二　關於條約適用範圍中美雙方態度

葉公超部長與藍欽公使談話紀錄

時間：民國四十年七月三十日

地點：外交部

藍：現擬改談另一問題，即吾人所屢屢談及之對日和
　　約問題。本人曾根據閣下前此口頭所告諸點，以
　　同情之語氣，將貴國政府之處境，電陳國務院。
　　現已獲覆電，內容大致係解釋性質。本人曾充分
　　向國務院解釋，何以貴國政府在未獲得我方將促
　　使日本與貴國訂立一與其他盟國地位平等之雙邊
　　條約之保證以前，對和約適用範圍問題不願予以

討論。本人不能以覆電出示，蓋以其中載有對本
人之訓示。該電大意謂美國將施用其聲勢使日本
與貴國政府簽訂雙邊條約，惟美方仍未便強制日
本簽訂。國務院認為貴國政府與日本進行締約談
判時，勢必發生和約適用範圍問題，凡貴國政府
所提不至影響貴國政府在聯合國之地位之解決方
式，國務院均願與貴國進行商討。以上係該電報
中之所可奉告者，本人未引原文，僅傳其意。

葉：貴代辦既不能將該電報原文見示，是否可就其大
　　意另以書面見告。目下本人對此，現尚不準備置
　　評，容閱及貴代辦之書面來文後，再將吾人之反
　　應奉告。

藍：此節諒可辦到。

註：美國大使館已將整理後之電文送部，其譯文見
　　附件。

附件：

美國務院致美駐華大使館電譯文

民國四十年七月三十一日

關於日本與中國政府談判雙邊條約事，如日本獲悉美國
對於此事之意願，其態度因此所受影響究竟至何程度，
目前尚難確定。無論如何，美國政府在與日方討論此事
之前，必須自中國政府預先獲得保證：即該項條約僅拘
束現在中國政府實際控制之領土，抑得及於中國政府此
後所控制之領土。

中國政府或願針對上述一點擬定一項方案，而不致礙及
其在聯合國內或其他方面之地位。

三　關於日派商務代表來臺之談商

葉公超部長與藍欽公使談話紀錄

時間：民國四十年八月四日中午

地點：外交部

藍：本人猜想對日和約恐係貴方目下急務之一，本人對
　　此有若干消息奉告，閣下由顧大使處續有所聞否？

葉：顧大使與杜勒斯顯又舉行一次談話，且已有電報呈
　　部，現正翻譯中，貴代辦今日有何見告之處？

藍：國務院近曾見告：貴方如同意與日本開始談判簽訂
　　雙邊和約事，國務院將儘力促使日政府及早派遣商
　　務代表來臺，且建議其派遣一有權與貴國政府商討
　　簽訂雙邊和約之高級官員。

葉：國務院用意甚佳。吾人亟願此事得以加速進行。自
　　去冬以來，吾人即在期待商務代表之到臨，惟日本
　　政府一味拖延。吾人並曾數次提與盟總方面接洽，
　　亦未獲若何反應。最近日本方面表示外匯短絀，惟
　　此顯屬託辭。茲有關於對日和約更根本之一項問
　　題，希望貴政府了解。貴代辦適才曾用「談判」字
　　樣。本人認為應使日本承擔其與我簽訂雙邊和約之
　　義務，正如其已承擔與盟國簽訂多邊和約之義務者
　　然。換言之，此一和約不應由我方與日本以談判方
　　式辦理之，此點本人前曾屢予說明，茲再予重申，
　　請轉告貴國政府，吾人與於商務代表兼任商討雙邊
　　和約代表之派任一節，表示同意。

藍：本人認為如是則此事即可就緒。

葉：本人願提請貴代辦注意，即派遣商務代表一事已就

擱六閱月之久。除非貴代辦能告知確定日期，則此事將成懸案。

藍：此一方面，一、二日內容或有分曉。

葉：承提此事至感。本人不願嫂夫人久候貴代辦午餐。

四　葉公超部長徵詢美方對雙邊和約態度

葉公超部長與藍欽公使談話紀錄

時間：民國四十年八月八日下午四時

地點：外交部

藍：所擬提出之第三件事，即關於日本商務代表一事。閣下曾否由貴國駐日代表團獲得確實消息？

葉：日內當有報告到部。

藍：同時，本人對商務代表一事，獲有三種不同之報告：

　　甲、該商務代表即將派遣。

　　乙、在對日和平條約未在舊金山簽訂以前，將不致派遣商務代表。

　　丙、日本方面已決定派遣某前財政部長與貴方先就經濟問題進行商討。

葉：貴方是否將由東京方面獲得確實之消息？

藍：然。本人已將中國政府歡迎日本商務代表早日抵薘之意報告華府，並以副本送席波參考。

葉：貴代辦諒能憶及本人前此所曾奉告者，即除非貴方迫使日本承擔其從事於某事之義務，則此事或將始終擱置。

藍：本人猜想日本方面將不至拒絕派遣商務代表來臺，

問題在於該代表將於何時派遣，並具有何種權
力。本人有理由相信美方將以願見該商務代表早
日派遣之意告知日方。關於雙邊和約方面，已獲
何種進展？

葉：進展不多。

藍：關於雙邊和約之範圍方面，已否研究有解決方式？

葉：未有。正如前次所曾奉告者，吾人在現階段中並
無意商討此項問題。貴方尚未予吾人以任何保證，
是以吾人無理由足以假定日本將與吾人簽訂雙邊和
約，正如其須與其他盟國簽訂多邊和約者然。吾人
認為：和約繼續談判之先決條件，為貴方必須迫使
日本承擔其與吾人簽訂雙邊和約之義務，正如迫使
其與其他盟國簽訂多邊和約者然。換言之，吾人認
為若尚需與日本舉行談判，則不啻自甘放棄其為盟
國之地位。抑猶有進者，雙邊和約在內容上既與多
邊和約大致相同，則復有何事需要談判？

藍：本人頗了解閣下所持觀點，此係貴方一向所堅持
者，本人已將貴方立場向華府闡明。雖然，甚恐「促
使其承擔義務」一詞難為華府所接受。或許吾人
可草擬若干足以傳達此意之措辭而避用此項字樣。

葉：貴代辦須了解：若不促使日本承擔其義務，則日
本將永不與我締約。談判亦或將延至二年或三年之
久。本人深切感覺，除非貴方促使日本承擔其應與
我締結雙邊和約之義務，則縱有貴方意中所指談
判，其結果是否將引致為和約之簽訂，殆無任何把
握可言。

藍：援用對日和約草案第廿六條如何？

葉：至多邊和約尚未生效之前，第廿六條並不能作為與日本簽訂雙邊和約之法律根據。該條規定之用意，即須在多邊和約生效之後，該條規定始有效力可言，殆為明顯之事。

藍：或許屬實，在此種情形之下，吾人是否可作如此說法：即美國將勸誘日本與貴方簽訂雙邊和約？

葉：「勸誘」一詞不妥。必須迫使日本承擔其義務，或貴方必須負起要求日本與我簽訂雙邊和約之責任，且必須促使日本接受貴方所提要求。

藍：事實上，吾人或須出此，惟吾人不願同意公開或私下發表聲明，表示吾人將承擔強迫日本簽約之義務。本人殊不了解為何吾人不能如貴方所請，即在公布對日和約稿時，同時發表聲明。由本人所閱之報告涵意而觀，吾人既希望愈多國家能至舊金山簽約愈佳，若照貴方要求發表聲明，則已承認中共各國或將提出抗議，此或對日本之願意與貴國簽訂雙邊和約將有不利之影響。本人相信以上係我方顧慮之一，英國方面即已在東京活動，勸誘日本勿與貴方或中共簽訂和約。

葉：貴方對英方在東京遊說之結果是否擬予接受？

藍：不，絕不。事實上，本人認為吾人與於此事早已搶先一步。

葉：此事商談歷時已久，且杜勒斯亦已與顧大使晤談多次，而貴方迄未告知究於對日簽訂雙邊和約一事，擬否予我支持，或日本將與我簽訂與否。此即係本人所

　　願確知者，除非吾人確悉日本於多邊和約生效前將
　　與吾人簽訂雙邊和約，吾人無意商討一切技術問題。

藍：閣下適才所稱一節恐欠公允，據本人了解，杜勒斯
　　已與貴方駐美大使商討雙邊和約問題。不願貴方與
　　日本簽訂雙邊和約。則杜氏又何必多此一舉。吾人
　　絕不至故意瞞騙貴國政府至此。（談及此處，胡次
　　長慶育步入參加談話。）

葉：（對胡次長說話）本人正向藍欽代辦申述促使日方
　　承擔其與我簽訂雙邊和約一事之必要。

藍：（進行草擬某種文稿，草擬完畢後）此稿何如？本
　　人不善於擬稿。

葉：一如適才所奉告者，提及第廿六條並無若何意義，
　　因為根據該條規定，在多邊和約生效之前，日本並
　　無義務。

藍：吾人可修改此稿，主旨即在此稿中插入「義務」
　　一字。

胡：問題端在日本是否確將與我簽訂雙邊和約？

藍：（作不耐狀）本人或可將真話告知，吾人已就此事
　　商諸日本，日方已表同意。

葉：杜勒斯先生從未將此節告知顧大使，吾人願獲得此
　　項保證，報告政府俾可判定我國關於此案之目前處
　　境如何。

藍：本人對於此事我方已與日方商討一節毫無疑問，若
　　日本方面對此意見表示反對，吾人將不至建議派遣
　　商務代表開始與貴方談判簽訂雙邊和約事宜。

葉：然則貴代辦已確知日本已同意與我簽約矣。

藍：彼等似已同意，惟適用範圍問題係一實際問題，貴
　　方遲早總須面臨此項問題。

葉：本人目下對此不擬予以討論。本人所擬獲悉者，即
　　貴方對日本在多邊和約尚未生效之前，必能與我簽
　　訂雙邊和約一事，能給與吾人以何項保證。

藍：（出示其所擬草稿）似此擬法何如，此並非正式
　　文稿。本人僅以所處地位冀對本問題之解決有何幫
　　忙。本人無權草擬此搞。（該草稿載稱：美國政府
　　將使日本政府明瞭日本在多邊和約第廿六條所負義
　　務，應於多邊和約簽字後立即予以履行，即為求早
　　日與中國政府簽訂類似多邊和約之雙邊和約起見，
　　應與中國政府就此進行洽商。）

葉：貴代辦提及第廿六條並不足以言保證。貴代辦可詢
　　華府專家，是否第廿六條即指日本於簽訂多邊和約
　　之後，有立即與未參加簽訂多邊和約之諸盟國簽訂
　　雙邊和約之義務。

藍：惟此稿僅云：日本將於簽訂多邊和約之後，立即履
　　行與貴政府簽訂雙邊和約之義務。

葉：貴代辦所擬草稿可否留下，以供參考？

藍：自然可以。

葉：若我雙方均將設法潤飾此稿。盼貴代辦切勿以本
　　人今日所問係咄咄相逼。容有更多時間對此予以
　　考慮。

藍：甚妥。此不過係本人所提解決雙方困難之意見。此
　　點望予注意。

葉：本人甚為了解。

五　美方對中日簽訂雙邊和約之態度

葉公超部長與藍欽公使談話紀錄

時間：民國四十年八月二十一日上午十時三十分

地點：外交部

葉：閣下已否自國務院接獲對我方八月十三日節略之
　　復文？

藍：尚未接到，但相信不久當可接到。余已獲悉美國政
　　府在原則上不欲正式接受將日本置於與貴方簽訂雙
　　邊條約之義務下之承擔，惟美國政府仍將為此目的
　　盡其全力。

葉：此事殊為奇特。如日本有與各盟國締結和約之義
　　務，一如各方所同意者，則日本對我所負義務，實
　　與其對美所負者相同。

藍：閣下所論，在法律上，容屬正確；惟杜勒斯先生似
　　力主美國不應抱陳舊之觀念，以戰勝國地位，對戰
　　敗國頤指氣使。杜勒斯君不斷與日政府洽商和約事
　　宜，予人之印象為日本現已被認為在國際社會中平
　　等之一員。

葉：余仍以為此與國際慣例，實有奇異之出入。但余此
　　時不願就此點與君有所辯論。余願獲知關於河田烈
　　先生之任務一事，閣下已自東京另獲有消息否？

藍：尚無新消息，但聞貴國政府已聘河田烈先生為財務
　　顧問。此為數星期前余自華盛頓，而非自東京獲悉
　　者。余並聞日本政府正考慮以河田烈先生任駐臺灣
　　之商務專員。

葉：魯斯克次長曾向顧大使建議：河田烈先生或可擔

任我政府與日本政府間就雙邊條約事交換意見之中間人。

藍：余亦有所聞，然無確定消息。余首告東京之席波先生，謂貴方歡迎日本貿易專員早日抵達。余並暗示或可授權該貿易專員與貴方開始談判雙邊條約。迄尚未獲復。貴國政府已邀請河田烈先生否？

葉：尚未邀請。前者曾有此意，現此事已暫擱置。但日政府如確欲授權河田烈先生與我方開始商談雙邊條約，我方自願予以一切必要之禮遇及便利。但彼如以日本政府代表之身分來臺，則余恐彼似難同時接受我政府之聘請。

藍：此事自甚不便。彼不能同時為兩政府服務。

葉：且就締結雙邊條約一事而言，中國政府亦無需顧問也。

藍：日本政府可能欲使初步談判以非正式方式進行，且不作公開宣布。倘屬如此，則河田烈先生當可同時任中國政府之顧問。而又代表日本政府之意見也。余對此事，並無所知，當電請國務院作進一步說明，並以電文副本送席波先生。

葉：倘河田烈先生以有我方聘請為便，俾能擔任和約商談之中間人，則余亦樂於向我政府作此建議。余盼貴國政府能將有關此事之確切情形見示。目前閣下可說明中國政府對河田烈先生頗有友誼之感，對於其負此任務，決無反對之意。

藍：余當照辦。余攜有一項文件，原係事為余參考，雖不應出示他人，然余意似宜私下送請部長一閱。此

　　為杜勒斯先生與英國駐美大使館湯林生先生關於貴
　　國政府參加對和約之談話記錄。

以下係杜勒斯先生與湯林生先生談話之大要。湯林生先生向杜勒斯先生證實：如日本政府選擇與國民政府簽訂雙邊條約，英國政府並不反對；但彼指出：前在倫敦所成立之諒解，禁止英國或美國政府以壓力加諸日本政府，使其與國民政府或共產政府締結和約。杜勒斯先生同意所成立之諒解確係如此，然據彼測知，日本政府願與國民政府締結雙邊條約。杜勒斯先生乃進而與湯林生先生討論雙邊和約之簽字及其生效之時間。湯林生先生認為日本政府在完全取得主權以前，不能憑主權簽訂任何條約。杜勒斯先生表示日本與國民政府之中國或共產中國締結和約之權，與日本與其餘盟國締結和約之權，並無二致。依杜勒斯先生之意見，唯一問題在日本究欲與何一中國政府締結和約。杜勒斯先生並指出如日本政府決定與國民政府之中國締結和約，則美國政府之意見為：日本可於多邊和約簽字後之任何時間自由為之。湯林生先生謂在向倫敦請示以前，彼不能就此問題進一步表示意見。杜勒斯先生乃謂至於雙邊條約之生效，當可與多邊和約之生效同時。湯林生先生謂彼必須向政府請示意見。杜勒斯先生與湯林生先生同意：無論日本政府願與國民政府或中共締結和約，其要端為日本不得認中共為享有主權，亦不得承認國民政府與全部中國有事實上之控制。湯林生先生尤著重說明：英國或美國均不得影響日本使其承認國民政府或中共所提而無事實為依據之要求。

葉：余對貴國政府必須以程序問題就商於英國政府一
　　點，甚表詫異。余不能不述明：據余所獲印象，杜
　　勒斯先生在其此次與湯林生先生談話中所持態度甚
　　為軟弱。此適證實余在數月前向閣下表示之見解，
　　即：祇須貴國政府與我方再稍加支助，即可使我方
　　締結對日和約。

藍：余以為此點自屬見仁見智。杜勒斯先生現仍努力使
　　貴方儘速與日簽訂雙邊和約，並設法使其與多邊和
　　約同時生效，此節余並不懷疑。

葉：余亟盼國務院對我方在八月十三日之節略，將惠速
　　予以書面答覆。我方須確切獲知貴方就雙邊和約問
　　題已與日本商談至何種程度，及貴方在本問題上已
　　與日本獲致何種了解。閣下或已閱及日首相吉田對
　　議會之聲明，略謂：日本無權選擇與何方中國政府
　　簽訂和約；此事須由盟國決定。如吉田先生所述係
　　由衷之言，則貴方與日本之商談顯尚無甚進展。誠
　　然，吉田先生亦可能不欲議會獲悉貴方在本問題上
　　與日本政府所作之商談。

藍：余不認為我方能將未經發生之事告知貴方。此為一
　　微妙之問題，必須以微妙之手法處理之，余對貴方
　　亟欲將此事置於更具體之基礎上一點，甚為了解。
　　華府在對貴方所提各項問題全部予以答覆之前，顯
　　須與日英雙方作進一步之商談。

六　美方對於中方意見的答覆

葉公超部長與藍欽公使談話紀錄

時間：民國四十年八月二十三日下午四時

地點：外交部

（此文件中所稱外交部長係指中國外交部長而言）

（觀葉部長與藍欽公使此項談話紀錄，是我政府關於對日和約問題已臨決策階段，除報請陳院長召開對日和約研究小組，擬具意見呈請核奪外，謹先將原談話記錄檢呈總統核閱。職黃少谷，八、廿六）

藍：余適收到國務院一項文件，該文件諒必對部長與余均有興趣。余現奉命將下列各節口頭轉達部長：

（一）美國政府將盡其最大努力，以使日本於多邊和約在舊金山簽字後，不久即與中國政府簽訂雙邊和約一節，得以觀成；但須以下列為條件，即一、中國政府不尋求對多邊和約作重大之修改；二、關於適用範圍一節，將儘速與美國政府商定一項適當之條款。

（二）鑒於中、美兩國政府與於中日兩國政府間應早日開始商談一節均甚表關切，茲建議今後商談之中心應移至臺北。外交部長自將以商談情形隨時轉告其駐美大使。美國政府希望外交部長能就適用範圍一節，設法擬提某種方案。美國政府充分明悉：任何該項方案，無論如何不應影響中國政府在聯合國之現有地位。

（三）美國政府復願使外交部長明悉，其在使中國政府參加對日媾和之努力中所遭遇之困難。

美國政府連同英國政府自始即感到：為預先擊破蘇聯方面要求繼承占領權利之任何舉動起見，則獲致遠東委員會過半數之會員國以簽訂和約一事，乃屬絕對需要。此一問題現時自未完全解決，但如獲遠東委員會過半數會員國簽訂和約，美國政府將能進一步設法打擊該項蘇聯該項要求。在最初之階段上，美國即曾就中國政府參加對日和約一事，自行設法確切探明遠東委員會各會員國之意見。除美國外，並無一個政府支持中國政府參加，即菲律賓亦非例外。尤有甚者，遠東委員會半數以上之會員國均曾表示：如中國政府被邀參加，則彼等將不準備簽訂和約。大勢既已無可挽回，美國政府乃立即採取步驟，在和約稿中儘量保障中國之權利。美國政府於此尚樂於憶及：中國政府對第二次約稿曾建議若干在技術上及政治上均屬妥善之修正，是已提供有價值之合作；而在當時情況下，美國政府已盡力設法使中國之建議盡量納入。最後約稿第廿一條及第廿六條即為美國特別致力維護中國權利之例證。

（四）上述各節雖已由杜勒斯大使轉告顧大使，國務院仍願以明晰之詞句事向外交部長提明。外交部長所稱無須由其政府與日本談判雙邊和約一節甚為正確，但國務院以為此僅適用於業經列入多邊和約之條款。因之，談判將

限於未列入多邊和約稿之各項問題。在該項
談判中，日本政府或將堅持中國政府承認其
在此時實施和約條款，將無力拘束整個中
國，甚或將此點作為談判之先決條件。美國
政府所認為其能影響日本政府進行與貴方談
判雙邊和約之程度，將取決於中國政府研擬
或接受某一承認該項限制之方案之意願。在
上述情形之下，美國當在各種適宜方式下促
成中日兩國政府間締結雙邊和約。

（關於所謂和約對我適用範圍問題，外交部曾於七月
十四日擬陳一解決方案，即作如次之簡單聲明：「關於
中華民國部份，本約應適用於現在在其控制下以及將來
所收復之全部領土。」外交部認為此聲明不損我國際聲
望與地位，而於美方所提和約適用範圍問題，可予以明
確之解答。職少谷註，八、廿二）

（五）國務院充分了解，外交部長於聲述中國政府
有權要求代表對日媾和一點上，所感受之責
任之重大。美國政府對於擯棄中國參加對日
和約一節，對於中國政府之聲望所可能引起
之打擊，自始即甚明瞭。美國政府曾一再經
由杜勒斯大使，就中國政府無確切希望參加
多邊和約一節，提醒中國政府。中國迄遲遲
無意接收一項現實之政治問題。當外交部長
聲請由艾其遜先生發表一項聲明，說明中國
政府與日本政府將與多邊和約同時簽訂一項
雙邊和約時，艾其遜先生固不便接受此項聲

請,但曾擬議另由外交部長發表一項聲
明,略謂:鑒於中日關係之特殊,中國政府
已決定將來與日本締結一項雙邊和約。至
於中國之聲望,國務院認為中國已由於發
動一項對美表示不滿之宣傳,致其聲望所
遭受之損失,已超過必要之程度;其理由甚
簡:貴方愈強調貴方參和約之法律權利,則
貴方之政治地位不能維持貴方之法律權利
一節,愈見鮮明。國務院充分了解,外交
部長對約稿第廿三條未將中國列入而提出
抗議之節略之需要。然國務院認為該項宣
傳不僅暴露中國現有地位之弱點,且已使
美國運用全力以影響日本一節更感困難。
美國所負之任務,受有各方之重大壓力,
日本亦在其內。美國已堅強主持與日締結
一項由儘量眾多之國家參加之和約,以便
與蘇聯方面之任何政治策劃相抗衡。美國
之政策迄為使中國政府加入對日媾和;爰
望外交部長充分了解目前問題之複雜性,
並望其政府繼續予美國合作,以達成和約
之更廣泛之各項目的。

(藍欽公使在轉達上述各項後,認為其適所提及者(第
五點)原係僅供其本人參考之用,但彼以為葉部長必願
獲知國務院對此事之態度。)

葉:余無意徒事爭辯,但雖有貴方之善意保證,余仍以
為美國前此能就發表聲明一節同意我方之聲請,並

因此而減輕我方聲望之損失。貴國政府似忘却其乃擔負主持和約任務之政府，並忘却其以此一身份，至少應自行負起責任發表一項聲明，說明我國政府與日本將在適當時間內簽訂一項雙邊和約。

藍：但部長堅持「同時簽署」字樣，已使國務院無法發表任何聲明。

葉：余不欲重述余之論點，但約稿之公布而並無某種解釋以說明我方何以不獲參加，乃係對我方之一大震驚。

藍：余在此點對貴方甚表同情。但此已全成過去。吾人現應竭力使雙邊和約儘速觀成。余希望在吾人目前之談判上將無不必要之宣傳。如貴黨（按指中國國民黨）發動另一宣傳，例如指謫貴方未能與多邊和約同日簽訂雙邊和約，則此事或將對貴方害多利少。余望貴方將能擬具某項關於適用範圍問題之方案。余覺貴方無須在措詞上使該項方案剝奪貴方與大陸之法律權利，余以為祇須向日本政府承認貴方在現時不能在大陸執行和約條款。美國政府自無意使貴方以任何方案，放棄為中國合法政府之各項合法要求。

七　美方對「實施範圍」案之保證及中方態度

葉公超部長與藍欽公使談話紀錄

時間：民國四十年八月三十日上午十時

地點：外交部

（按此次談話係由葉部長邀約舉行，此處所載僅係關於

對日和約部份。）

藍：貴方現已覓得解決條約適用問題之方案否？

葉：否，此事尚在研究中，閣下當能憶及，在我方未悉
　　日本究竟可否置於與我簽訂雙邊和約之義務之下以
　　前，我方曾始終拒絕與貴方商討此事。

藍：目前日本似決不致拒絕與貴方締結雙邊和約，事實
　　上美國業已表明美將設法使日本與貴方締結雙邊和
　　約一事，得以觀成，但在貴方與日本實際上進行談
　　判之前，美國願見及關於解決和約適用題之某種方
　　案。美國有理由相信日本必將提出此一問題。如貴
　　方不準備與日本討論此一問題，或未事前與我方獲
　　致諒解，則談判伊始可能即遭擱置，此對貴方將不
　　甚有利。

葉：前此余曾告閣下，即使日本願與我締結雙邊和約，
　　我方亦不可能在條約本身內接受有關條約適用問題
　　之任何條款。

藍：余以為國務院現已充分了解此點。至少余已將此點
　　報告國務院。余不認為國務院將堅持將此點作為條
　　約之一部份，然則假定此點能獲致協議，閣下將擬
　　議該項方案應採何種形式？

葉：余已言及此事尚在研究中，關於此點，余不擬再表
　　示意見。但余願重予申述：在任何情況之下，我方
　　決不能接受足以損害我方在大陸之權益主張或我方
　　在聯合國之地位之任何方案。如此項方案足以減損
　　我方對大陸之權利及主張，余實無法思議我方如何
　　能對此方案開始討論。

藍：不然。余以為我方決無意出此。余已就此點自國務
　　院獲得闡明。我方決無意建議貴方應在任何方面，
　　減損貴方對大陸之權益主張，或使任何方案影響貴
　　方在聯合國之合法地位。余個人所以不喜「適用」
　　一語者，職是之故。余以為國務院所尋求者乃在
　　此點，即：大陸現既不在貴方有效控制之下，則貴
　　方應即承認在現時貴方自不能在大陸對日本履行義
　　務，而同時貴方亦不能使日本在大陸對貴方履行義
　　務之事實。

葉：閣下所言容屬不誤，但余對此事尚有更深之窺測。
　　此事是否涵有一項意義，即：縱在與我方簽訂雙邊
　　和約之後，日本仍能承認中共對大陸具有事實上之
　　控制？

藍：余認為日本承認中共之機會極微，而貴方與日本簽
　　訂雙邊和約自仍將進一步減削此項機會。

葉：請容余發一疑問。此與和約適用問題有關。該問題
　　是否為日本、英國，或貴方連同英國所堅持？余現
　　可直告閣下：如貴方為倫敦方面作喉舌，則余不以
　　為吾人能研提足以滿足英政府之任何辦法，實則英
　　國對中共之政策，吾人早應予以更有力之打擊。另
　　一問題則為：此事是否係在倫敦成立之協議？

藍：余本身亦願獲知此項問題之答案。余將盡力尋求。
　　余所能言者乃杜勒斯先生現仍努力使貴方與日本締
　　結一項雙邊和約，如貴方萬一決定不欲簽訂此項雙
　　邊和約，則余職責所在，當轉報國務院。

葉：但閣下必須承認：率爾撇開我方締結對日和約者乃

係貴國政府；或者余應言明，撇開我方者實乃聯合
英方之貴國政府。

藍：余以為此一問題之關鍵，乃在是否多邊和約以貴
方為締約國之一而僅由四、五國以上參加簽訂，
或多邊和約不以貴方為締約國之一而由四十個以
上之國家簽訂。此事之難關輒在此處。我方並不
承認大陸上共產侵略之果，我方仍繼續承認貴方
為中國之合法政府，但貴方不再實際控制大陸，
乃為悲痛之事實；我方不能強使業已撤消承認貴
方之國家自同一角度觀察此事。如貴方現仍為主
要國家中若干國所承認，又如各該國與我國現均
與莫斯科方面同處於同一程度之緊張狀態，則撇
開貴方之問題當不致發生。在上次大戰期間，因
吾人對共同敵人共同作戰，英、美兩國政府繼續
承認在倫敦之流亡政府，但現在尚無戰爭，而不
幸若干國家，不論貴我雙方在原則上如何加以反
對，已對在大陸之共黨予以承認。

葉：余前此已告閣下，我政府中有若干人員感覺我方
既已被棄於多邊和約之外，則我方對於是否應設法
締結雙邊和約，以彌補我方之損失一節，應審慎考
慮。余並非謂我政府現正考慮不簽雙邊和約，但閣
下當能了解，余為外交部長，常須使我政府相信某
種努力值得一試。關於本案，余能用以使政府置信
以接受一項雙邊和約之唯一途徑，厥為保證我方不
致因簽訂該項雙邊和約而在其他方面蒙受損失。如
我方因同意某項有關條約適用問題之方案，而致喪

失我方對大陸權益要求之法律及政治基礎，及我方
在聯合國之席位，則余深信我政府對雙邊和約，必
將棄之如敝履。

藍：余對閣下之立場甚為了解，並深表同情，但余仍希
望貴方能提出某類方案，以越過此一難關。

八月卅一日陳院長召開對日和約小組會議，余以我方根
本拒絕商談對日雙邊和約之適施範圍問題，必將使雙邊
和約之商談陷於停頓，衡以當前局勢似非所宜。經就此
一問題獲致如下之結論：

對所謂對日和約實施範圍必須堅持下列各點：

一、絕對不接受以解決和約實施範圍問題，為商訂
中日雙邊和約之先決條件。

二、絕對不同意持有關和約實施範圍之任何規定，
載入和約條文之內。

三、關於此問題，可先議定一條解。俟雙方交換批
准而我國尚未收復大陸時，將其載入雙方同意
之紀錄。

此外，關於中日雙邊和約之商訂，尚須嚴守下述兩項
原則：

一、中日雙邊和約之內容及文字，除關於中日戰爭
開始日期之訂正及其他形式上必要之調整（如
緒言之措辭，條約生效條件之釐定等）外，均
以多邊和約為準。

二、中日雙邊和約之內容及有關諒解，應先經議
定，始由中日雙方作形式上之簡短商談，藉以
完成答覆程序。

八 美方復提出「實施範圍」與「締約時間」兩方案

葉公超部長與藍欽公使談話紀錄

時間：民國四十年九月十七日下午四時半

地點：外交部

（按此次談話係藍欽公使請求舉行者，所談案件，不止一項，此處所載僅係關於對日和約部份。）

藍：關於和約，余頃接國務院長電一通。首應言者，在過去兩三星期中，我方曾促使日本政府派員以貿易代表身分來臺，並授權即由其與貴方開始商談雙邊條約。日本政府似已同意指派人員。報紙曾載有太田一郎奉派之消息，余前亦曾向部長提及此人。不悉貴方曾接獲日方之正式通知否？

葉：尚未，余已將此節告知報界。

藍：部長當知盟總已將貴方列入日本政府今後可就若干問題與之接洽之各國政府之名單中，貴國代表團現儘可與日本外交部商談雙邊和約問題，余不知日方究竟是否指派太田，然余所奉告知消息乃得自官方者，我方認為在此階段，貴方應儘量與日本政府發生直接接觸。

葉：關於雙邊條約一事，余前曾一再奉告閣下，我方認為在確知我方之處境以前，不宜向日本接洽或無論在此間或在東京發動任何談判。質言之，我如與日簽訂雙邊和約，我方欲與貴方就約文及程序先行商定，俾日本代表來臺後可於數分鐘內即在約稿預留空白處簽署銜名。總之，我方決不欲就有關和約之

任何問題，與日方作冗長之討論。

藍：國務院茲訓示本人，如貴方欲在多邊條約生效以前，與日本締結一雙邊條約，則貴方須準備考慮有關實施範圍之方案。換言之，我方在多邊條約生效以前，不能強制日人與貴方締結一對條約實施範圍毫不涉及之雙邊條約。然多邊條約一經生效，日本如屬願意，將有與貴方自由商定任何條約之權。照最近情形看來，日本政府願在多邊條約生效時，與貴方談判一項不涉實施範圍之雙邊條約。美國政府毫無猶豫將向日方表明贊同此項舉動。

葉：閣下意思是否謂若我現在與日本簽訂雙邊條約，日本將堅持其實施範圍應有規定，如在多邊條約生效之後簽訂該約，日本將不堅持作此規定？

藍：顯係如此，此乃余所接電報之內容。

葉：余誠不解，余之想法為如我坐待多邊條約生效，屆時日本不更將堅持：和約實施範圍，應有規定。

藍：余亦趨向此種想法，然來電內容如是，余對該電內容曾予校對。該電並強調貴國在現階段中宜與日本建立事實上之關係，俾日本得視貴方為中國之政府。

葉：余不甚了解貴方意旨何在。國務院之意見是否認為我方在多邊條約生效以前，不應以簽訂雙邊條約為目標，抑余仍可假定貴方尚在運用力量促使日人在多邊條約生效前與我締結雙邊條約？

藍：余不認為國務院意在就貴方與日本締結雙邊條約一事使貴方灰心，然國務院已肯定表示，除非貴方準

　　備討論實施範圍問題，國務院認為在此階段貴方與
　　日本締結一雙邊條約，乃不可能。

葉：閣下所言美國政府將以其贊同日本政府方面某項舉
　　動之意，向日本表明一語，是否即謂美國政府將贊
　　同日本在多邊和約生效之後，無須有實施範圍之限
　　制而與我方簽訂雙邊和約？

藍：然。情形似係如此。余自國務院所獲電訊並稱：
　　「為中國政府之利益計，目前似宜撇開對雙邊和約
　　之進一步考慮，而集中於拓展事實上之關係，例如
　　設立日本駐臺辦事處所含之各種關係。」余並在該
　　電訊中獲得一項按語，即：多邊和約簽字國中既有
　　眾多之國家將在多邊和約生效後，分別依照第九條
　　或第十二條或第十四條之規定，與日本簽訂雙邊協
　　定，則貴國政府所懷被撇開之感或將不如現時之
　　甚。印度似亦將在多邊和約生效之後與日本締結雙
　　邊條約。

葉：對我方之隱痛，國務院竟未忘懷，自甚好。我方於
　　被剝奪在金山和會中之合法地位後，現正與貴方合
　　作與日本締結雙邊條約。在多邊和約生效後將與日
　　本締結技術協定之政府，均為簽字於多邊和約者；
　　而印度之情形，復完全不同。印度雖拒絕出席和
　　會，但該國曾被邀參加。余必須言明，閣下適所告
　　余者，殊屬突如其來。

藍：但該電訊確含有一有利之點，即：日本似已表示彼
　　將準備在多邊和約生效之後，與貴方締結一項不涉
　　實施範圍之條約，而關於此點，美國政府將以其贊

同該項舉動之意向日本政府表明。

葉：余是否可假定：如我方希望在多邊和約生效之前與日本締結雙邊條約，則美國政府仍堅持我方應討論實施範圍問題？

藍：確係如此，貴方已否擬出有關實施範圍之方案？

葉：尚未。鑒於此次之電訊，我方勢將對此問題重作全盤檢討。

藍：國務院並請余明告閣下，在研擬任何方案時，貴方須注意避免使用技術上之詞句，以暗示臺灣已因該條約之簽訂，而在法律上成中國領土之一部份。此點因與聯合國之利益有關，不僅適用於在多邊和約生效前締結之雙邊和約，抑且適用於以後之各項協定。

葉：此點乃一新發生之事。

九　關於「實施範圍」問題之中方節略
葉公超部長面交藍欽公使

民國四十年九月二十六日

查關於中華民國與日本媾和一案，外交部曾於四十年八月十三日提出節略一件；又查關於本案，中國外交部部長與美利堅合眾國駐華代辦之間，近曾疊次舉行談話；復查美國代辦曾於四十年八月二十三日，將國務院之擬告中華民國政府各節口頭轉達外交部長，外交部長從而獲得下列了解，即：美利堅合眾國願盡力促成中華民國與日本締結一項雙邊和平條約，該項條約可在多邊和平條約在舊金山簽署後不久，即行簽署，但須基於下

列了解：中國政府對多邊和平條約不作重要修改，且在該項條約簽字之前，議定一項關於雙邊和平條約實施範圍之方案，而該項方案無論如何不得影響中華民國政府在聯合國之現有地位，及其對於中國大陸之合法主張。

中國政府鑒於上述疊次談話，並鑒於其為對日作戰同盟國之一之地位起見，願使日本與其簽訂一項與四十年九月八日在金山簽訂之多邊和平條約內容大致相同之雙邊和平條約，並願使該項雙邊和平條約之簽署，能在多邊和平條約生效之前，盡速舉行。

為此，中華民國政府願就雙邊和約之實施範圍建議下列兩項，備供選擇之方案，以作磋商之基礎：

甲、在雙邊和平條約簽字之時，中華民國全權代表將發表左列聲明：「本約旨在適用於中華民國之全部領土。對於該領土中因國際共產主義之侵略，而暫被共產黨軍事占領之區域，中華民國政府茲願承擔：一俟該區域歸其有效控制之後，當即將本約對之實施。」

乙、在中華民國政府與日本政府交換雙邊和平條約之批准文件時，將左列聲明載入雙方同意之紀錄：「關於中華民國之一方，本約應適用於現在在中華民國政府控制下及將來在其控制下之全部領土。」

在草擬上列兩項方案時，已適當顧及前述了解，即：該項方案無論如何不得影響中華民國政府在聯合國之現有地位及其對於中國大陸之合法主張。美國政府如願提出任何符合此項了解之方案，中國政府將予以迅速注意。

中華民國四十年九月二十六日

十　外交部關於「實施範圍」修正案之節略
葉公超部長面交藍欽公使之節略

民國四十年十月二十四日

中華民國外交部茲向美國大使館致意，並提及大使館一九五一年十月十九日關於中華民國政府與日本政府締結雙邊和約一案之第七十三號節略。

關於該約之適用範圍一節，中國政府願將下列一項方案提供美國政府考慮，該項方案已將美國政府所提方案之要點包含在內：「雙方茲了解：本約應適用於現在締約國雙方任何一方實際控制下及將來在其實際控制下之全部領土。」

外交部並願聲明：中國政府對於該項方案不應列入和約條文內一節，殊予重視。惟中國政府認為可將該項方案在和約簽字之時，載入同意紀錄之內。

外交部希望中、美兩國政府能就該約適用範圍一事，早日獲致協議，俾中華民國政府得在前於一九五一年九月八日在金山所簽之多邊和約生效前，與日本政府簽訂和約。

中華民國四十年十月二十四日於臺北

第三節　中日雙邊和約交涉的進展

一　日本對締約的態度

1. 董顯光與岡崎勝男談話紀錄

時間：民國四十年十月二十五日下午五時至六時

地點：東京

參加人：董顯光

　　　　岡崎勝男（日內閣官房長官）

董　：君與中共商談以日本棉織品交換中共鐵（原料）、
　　　鹽、煤問題已有結局否？

岡崎：因中共亦缺乏煤、鐵，故談判已入僵局。

附註：至此岡崎未再有言，但光自其他方面獲悉，
中共原頗需日本之主要軍需品，因盟總不准以此類物資
供給中共，其次一要求遂欲得織布機及半軍需品之
機器零件，但日政府亦未獲盟總核准將此類物資供
給中共。

董　：貴國是否迫需煤鐵等原料，但因由西方運來價
　　　格過昂，遂擬仰給於中共。

岡崎：不然，因中共經濟係有計劃的統一於政府嚴格
　　　管制之下也。

董　：關於貴國對外貿易關係，在簽訂雙邊和約後，
　　　對於貴國外交政策影響至何種程度乎？

岡崎：余揣閣下之意，殆似云我國因有所畏於中共，
　　　遂未能與貴國在最近期間簽訂雙邊和約。如此
　　　言無誤，則余敢明告閣下，我國與中共之貿
　　　易，實屬不甚重要，故於貴我兩國是否可簽雙

邊和約問題並不相涉。

董　　：貴國與中共間貿易數額，約佔貴國總貿易額之
　　　　成數如何？請惠予見告。

岡崎：戰前我國與東北及中國其他各地之貿易額為總
　　　　額 20%，如以現在與中共貿易額而論，則為
　　　　10%，可謂為數甚微，合計本年輸出入金額為
　　　　二十億元，估計出超約為一億三千五百萬元，
　　　　照此推算，欲與中共達到 10% 之貿易額已屬
　　　　難能，余覺即能達到戰前貿易額（20%）中之
　　　　10% 約合二千萬元已覺可觀，但戔戔之數對我
　　　　國實亦無甚裨益也。

董　　：然則貴方對於與舊金山和會簽約以外國家之簽
　　　　訂雙邊和約問題，何以如此審慎，是否由於英
　　　　國方面之干涉，遂對我國簽約問題不得不採取
　　　　審慎態度。

岡崎：不然，對此問題我國並不以英國或美國之意見
　　　　為主因，我國即將成為自主國家，英、美兩國
　　　　亦已明告我國，此後我國外交政策。必須以我
　　　　國本身利益為先決問題。

董　　：余意貴國國內政治情形與此有關，例如社會黨
　　　　即反對一切與蘇聯或中共不友好之外交政策。

岡崎：我國所顧慮者，深恐與貴國訂立雙邊和約後，
　　　　勢將引起大陸中國國民對我之仇視，故不得不
　　　　設法避免此種情形。

董　　：除重要共黨人員外，其他中國國民均反對共產
　　　　主義，而以 100% 之熱忱傾向國府，余意貴國如

循與國府親善之途徑以行，中國國民必完全贊成而對貴國更形親善。

岡崎：共產黨對政治極為狡滑，渠等頗可利用我國與貴國簽訂雙邊和約為挑撥全中國人民仇日之良機，屆時我國不易忍受。

董 ：余願閣下能了解現在余並非要求貴國與我國簽訂和約，余所云云，純在欲知貴國領袖對此問題之觀念如何耳，余已言之，余此次將赴美國小住，在彼邦有若干友人或極願與余研究此項問題，故藉此得以將實際情況與渠輩相談。

岡崎：我國現在政策即為徐待時機，至少在已簽訂之和約未批准之前，不致有何行動，俟我國獨立自主後，自將充分研究於何時與中國簽約以及與何一中國政府簽約，我國固極敬重國府，所惜者國府領土現僅臺灣耳。

董 ：和約批准以後，各國現駐貴國之代表團，屆時將如何處理？

岡崎：已在舊金山簽約國家之代表團，即可改為公使或大使館，其他國家包括國府及蘇聯之代表團，如其本國所願自可繼續存在留駐我國，惟將來當與我政府直接交涉而不能與盟總交涉耳。

董 ：閣下對於國際局勢之意見如何？

岡崎：余深信一年內絕不致觸發第三次世界大戰，此後如何，則未敢斷言矣。

附錄一：十月二十五日晨，光曾與木村四郎七相晤（日本外務省對盟總聯絡局長，現調充駐臺海外事務所長），

渠云將於十一月二十四日或十二月初赴臺，余友松本語
余，吉田首相對木村尚未有所指示，故木村亦未能研究
到臺以後工作方針。

附錄二：松本及其若干友人對內閣均有密切關係者，曾
晤光云：日政府深慮國府經濟方面本年底有崩潰趨勢，
並謂此種意見美國及其他西方民主國家亦有同樣論調，
渠等認為此即日政府猶疑不欲與我簽約之理由云。

2. 日本首相吉田茂在國會的聲明

關於與中國及蘇聯締結和約問題在國會答覆質詢
之速記記錄譯文

　　　　昭和二十六年（民國四十年）十月三十日星期二
　　　　　　　　　　　　上午十一時十分開會

羽仁五郎（第一俱樂部）：本人質詢之第三點，為首相
　　　　　　　　及外相，對於國際情勢之現在及將來之觀
　　　　　　　　察如何？本人深信全國國民，對於此點，
　　　　　　　　頗懷憂慮，因此急欲獲悉首相之見解如
　　　　　　　　何，所謂國際情勢，尤以我國對中、蘇關
　　　　　　　　係之問題為最重要之點，適纔首相之答覆
　　　　　　　　中有所謂真空狀態云云，此種真空狀態，
　　　　　　　　如以武力填補，則與首相以往所稱國際問
　　　　　　　　題擬以協商解決云云，不無矛盾之處，因
　　　　　　　　武力實能杜絕協商也，目前日本既與一國
　　　　　　　　締結近似軍事同盟之條約，則對於其他國
　　　　　　　　間之關係，是否已告斷絕，總之，「關係
　　　　　　　　之門」是否已經關閉，抑仍在開啟中，實

為吾人最為關懷之一點，首相於昨日之答覆中，曾稱不拘泥於理念（ideology）如何，因此或亦將不拘泥於軍事的手段，總之吾人似應有一項超越理念，或超越軍事及戰略問題之外交方法，吾人是否應遵循此種外交方法，以致力於增進對中、蘇之友好關係，關於此點，首相之想法如何，又首相及政府閣員，以及自由黨之幹部諸先生，平日之言論中，似不無刺激中、蘇感情之處，此種不必要之刺激，報章亦曾指出，本人竊疑政府諸君，實故意如此，現在日本對蘇尚在投降狀態之下，而且彼邦政治上之主義或主張，乃係內政問題，不容吾人干與，吾人似不應作超出必要限度以外之批評，首相日來曾提及抱負之一端，有所謂大計劃（grand plan）云者，根據此種大計劃，究將對蘇聯及北京政府，採取何種關係，英國出席和會之楊格代表，曾在舊金山談稱「英國承認北京政府為中國之正統政府」，此言為首相親耳所聞者，吾人不能不認為英國在外交上不無高超之見地，而日本之態度，似有使英國立於違背國際信義之立場之虞，關於上述各點，首相之基本的想法如何？

吉田總理：蘇聯及中國，不幸均未參加金山和約，但和約訂明，今後三年以內，未參加或未簽字之國家，表示願與日本締結和約時，均可

依照金山和約而締約，中、蘇兩國，如果有此願望，日本政府自無異議，如屬可能，日本並願與該兩國之間，以協商方式，維持和平，報載邱吉爾總理，願與蘇聯協商，其效果如何？雖不可知，但英國尚且如此，則一戰敗國家如日本者，對於和平狀態之來臨，自無加以阻礙之理，本人認為如屬可能，正願與任何國家，均進入講和狀態，尤其日本與中國之間，具有歷史關係，中、日兩國在政治、經濟以及其他方面，無論過去與將來，均應有親善關係，故與中國之間，如能協商，則政府將欣然從事，但此點非日本片面所能決定，須視對方之意思如何，如中國並無此種希望，吾人焉能以講和相強，本人認為此事不能全靠政府，國民之努力，亦屬必要，再鄰國之狀態，如未臻平靖，或尚未能統一，或內爭尚未平息，勢將影響日本之治安，總之現在日本實無人不欲與中國恢復過去同樣之親善關係，不過照目前情勢觀之，一時尚難辦到而已，本人認為此事有賴於國民之一致努力，以求打開途徑，並切盼如此。

羽仁：昨日西村條約局長答詞中有使人頗感意外之點，茲願質諸總理大臣，昨日曾詢及日本今後根據兩項條約所採之態度，是否將被視為對蘇聯或北京政府之宣戰，或被視為一種侵略行

為，又根據安全保障條約駐屯於日本之美軍之行動，是否將被視為對中國或蘇聯之侵略行為，關於此點，西村局長之答覆，給予吾人之印象，為日本可以斷定，是否如此，本人亟願知悉，過去若干年來，日本對於國際問題，曾屢予國民以日本自行斷定之印象，吾人懷疑或許當時之外務省實存有此種傳統，例如與於安南之侵略，吾人曾稱之曰「進駐」，究竟進駐與侵略之分，何人可予斷定，如由日本斷定，則侵略自可稱為「進駐」，因此本人深慮，在外務省甚或在國民之中，有人誤將頃聞首相所云非日本片面所能決定之事，亦任意予以斷定，關於選擇中國政府之事，議論紛紜，本人思及新中國問題，尤其思及此事所給予中國國民之印象問題，不禁深致歎息，民族自決，既為聯合國之最高原則，則中國之正式政權，自應由中國國民予以決定，本人想總理之意，亦必如此，本人又想總理對於日本今後根據兩條約所採之態度，是否將被視為侵略或蒙受侵略之嫌一點，或不致認為僅由日本自行斷定，即可足事，因此本人認為我方對於對方之聲明，或對方之判斷，應充分尊重，不悉首相以為然否？

吉田：條約局長之說明如何，本人尚無所聞，但信該局長決不致倡言中國之正統政府為何，將由日本予以決定，此點請再直接詢諸該局長為宜，本人昨日已在此說明，日本現被定為有選擇媾

和對手之權，但即使有此權限，關於如何行使
此權，亦應考慮客觀環境，考慮中國情形，及
其與日本將來之關係，不擬輕予決定，固然毫
無干涉中國內政之意也。

二　中方對吉田聲明的態度

葉公超部長與藍欽公使談話錄

時間：民國四十年十月三十一日上午十時半

地點：外交部

（按此次談話係由葉部長約請舉行者）

葉：貴代辦已否閱及日首相吉田咋在國會聲明之新聞報
　　導？（言次遞交中央社東京電訊抄件一份。）

藍：（閱讀中央社電訊後）此事甚壞，較其前日所說者
　　尤壞。余經於昨日致電國務院，將貴方對於吉田在
　　國會答覆詢問之反應予以充分之報導，余並提醒國
　　務院稱，貴方或將被迫而發表聲明。

葉：余曾於昨日電囑駐日何團長往訪盟總外交組組長
　　席波，詢明吉田所聲稱各節，事前已否獲得盟總認
　　准，如未，則盟總對該項聲明之反響如何。余覺吉
　　田最後一次聲明不僅使我方驚愕，抑且構成對於自
　　由世界之一項挑釁行為。余正等候吉田所作言詞之
　　日文本寄達後，再行決定是否發表公開聲明。如吉
　　田所述各節未被誤傳（如被誤傳則吉田應立即更
　　正），余恐余將不得不以相當難堪之言詞而有所聲
　　述，余並欲警告貴方：余或將被迫而重彈余往日之
　　論調，即：金山和約之主持國已因不邀請我方參加

和會而鑄成一項歷史性之錯誤。美國政府曾造成如下印象，即：日本將繼續立於吾人之陣線上；美國已竭力設法使中、日間早日媾和；蓋美國相信日本不致轉變為印度第二。如任吉田長此以往，則吾人將立即發生如下印象：自政治觀點言，金山和約業已完全失敗。另一印象則為：美國政府現正以某種特殊理由利用吉田為其喉舌。在金山和約生效前，日本既仍在占領國管制之下，則關於吉田之聲明已獲盟總認准之疑竇，似不無根源。我方對此特表關懷，蓋數月以來貴我兩國政府迄仍就雙邊和約一案交換意見。我方已公開宣布：關於雙邊和約問題仍在貴我兩國政府磋商之中；我方迄未與日本政府有所接洽。余不久或須列席我國立法院外交委員會。余相信我國立法委員定將提出下列質詢，即：吉田關於指明日本將準備與中共建立關係之聲述，其意旨是否因遮掩美國政府於必須以日本決不欲在多邊和約生效前，與我方締結雙邊條約一節明告我方時之尷尬場面。此種看法自係略帶狐疑，但各國之立法人員，即如貴國之議員，均有權存疑。貴方對於我方上次建議雙邊條約實施範圍新方案之節略，尚未提出答覆，預料貴方或尚未向日方提出雙邊條約問題，否則吉田或不致於有該項言論。余亟望貴代辦能就此問題，有所闡明。

藍：余深覺吉田已越出範圍甚遠。余將再致電國務院報告余與部長之談話，但吉田亟盼獲得上議院對和約之批准，其所為言論或僅係為應付內部，部長

亦以此為可能否？抑吉田現尚未至發表外交政策
宣言之地位。

葉：但渠適正在發表外交政策宣言。貴代辦是否願確切
轉告國務院：我方急欲明確獲悉貴方是否能影響日
方在金山和約生效前與我方締結雙邊和約？余願重
復申述：貴方影響日方之能力實大半視貴方是否願
意影響日方而定。

藍：余與此一問題曾反覆詢問，但余似無從獲得任何滿
意之答案。

葉：貴方所能加於我方之最壞事項，莫若給予我方以錯
誤之希望，而無意使此希望見諸實施。

藍：余不以為華府有任何人故意欺騙貴方。但余深覺我
方處理此事未見得手。余將趕回使館發電，就此告
辭。余實告部長，余適與部長同深驚愕。請部長相
信余將以貴方正當之憤慨（如余可用此語），忠實
報告華府。余並將以余之電文副本一份送往東京，
以供彼等參考。

三　藍欽公使轉告美國務院的復電

葉公超部長與藍欽公使談話紀錄

時間：民國四十年十一月五日下午四時半

地點：外交部

（按此次談話係由藍欽約請舉行，此處所載僅係關於對
日和約部份。）

藍：現在談到繁重之話題。關於吉田之聲明，部長已否
自貴國駐日代表團處接獲任何資料？

葉：尚未。但余已接獲顧大使自華府發來一電，顧大使曾與魯斯克先生（國務院次長）晤談。魯斯克先生顯與余本人情形相同，並未獲悉吉田實際所說者為何？但彼頗以為吉田或係過份急盼參議院批准和約。彼對所傳吉田存心向中共送秋波一節，顯係另作解釋。

藍：余亦未接獲東京消息，但余已奉到國務院一封長電，答覆余在上週與部長兩次談話後所發出之兩次電報。在第二次電報內，余曾直截就部長向余所提問題，向國務院請示。余現已獲得相當確切之答覆，至感愉快。余奉命口頭轉達部長（為求清晰計，茲分段記錄如次）：

甲、國務院對於吉田在國會之言論，事前並無所悉，其未經盟總認准，自無問題。

乙、國務院在閱及據傳為吉田所作之聲明後，願奉告外交部長如下：美國政府反對日本政府方面與中共拉攏關係之任何企圖，並反對日本政府與中共間交換海外代表。

丙、在接獲外交部長與美國駐華代辦會談之報告後，美國政府經將上述見解再度向日本當局強調。

丁、關於外交部長所詢美國政府是否仍願使中國政府與日本間之雙邊和約得以觀成一節，國務院之答覆為：此乃美國政府一向之意願，且將繼續為美國政府之意願，但以臻至前此關於本案之各次公文所述之程度並參照其中所述情況為限。（按此處所述公文乃國務院發送藍欽者。）

戊、美國政府將繼續努力，促成中國政府與日本間
　　之早日談判，以便兩國政府間締結雙邊和約，
　　並使此項和約得與多邊和約同時生效或在多邊
　　和約生效不久之後即行生效。

葉：此為全部內容乎？

藍：此為關於和約案余所奉電文之全部內容。

葉：貴代辦可否就適所言及各點惠以書面送交本人？

藍：關於吉田聲明部份，余可照辦。至於和約部份，電
　　文上已註明「僅供收電人察閱」之符號，若余就此
　　事以簽署之文件送交部長，則余殊有越權之虞。

葉：既如此，則請就吉田聲明部份以書面送交本人，
　　以資存查。余不能已於言者，即國務院關於和約之
　　答覆並未予余以鼓勵。最初，我方所得信念為：在
　　金山和約簽字後，不久我方當能與日本簽訂雙邊和
　　約。稍後我方所獲了解為：如我方願商談雙邊和約
　　實施範圍問題，我方當能簽訂一項與多邊和約同時
　　生效之和約。現在貴代辦又告本人謂：美國政府現
　　正希望我方可能與日本簽訂之雙邊和約得與金山和
　　約同時生效。或在金山和約生效後不久即行生效，
　　請問貴方之立場究竟何在？

藍：余本人亦已提出該問題。然此次所獲答案實為余
　　在長時間內所獲答案之最明確者，此點余不能不
　　言明。

葉：或許如此，但余仍難自此次答案中獲得任何滿足。
　　該項答案似顯示美國政府方面尚缺乏意願。余覺貴
　　方現仍受有某種牽制。

藍：余可否繼續陳述其餘電文？此亦係註有「僅供收電
　　人察閱」符號者，部長自亦了解。部長上次曾謂如
　　吉田繼續以同樣論調發言，則貴方或將被迫而發表
　　聲明。在此次之電訊中，國務院以友善之精神，對
　　貴方在和約問題上所持之抑制態度，表示感佩。國
　　務院特別希望指出：日本必須逐步行事。其第一要
　　務為使和約在日本參、眾兩院獲得批准，並避免說
　　出或做出可能引起英方對批准和約有所猶豫之事。

葉：余對國務院已注意我方在和約案上所持之抑制態
　　度一節，頗表快慰。我方所以如此者，實由於我
　　方仍望能於金山和約生效前締結雙邊和約。但如
　　貴方甚至於使日本與我方締結一項與金山和約內
　　容大致相同之雙邊和約亦不可能時，余自須保留
　　發表聲明之權。

藍：國務院並強調中國政府此時須予了解之一項重要
　　性，即：英國保守黨之新政府可能被說服與美國在
　　遠東方面更加合作。中國政府對英方所持之任何抑
　　制態度，將有助於促成英、美雙方在今日世界之較
　　大問題上作更進一步之合作。

葉：吉田對其聲明曾略加更正，余稍稍引以為慰；否
　　則，余或已有所聲述以闡明我方之政治立場。余對
　　貴國政府在和約及其他問題上必須英方支援一節，
　　充分了解。余以為我方對於英方已相當容忍。

藍：余亦認為貴方已相當容忍。但余知在華尚餘有一部
　　份反英情緒；余亦知：此種情緒，亦或有其存在之
　　理由。余完全同意國務院之見解，即：此時貴方稍

加抑制或能使貴方本身獲益。國務院所予余之了解
為：英方最近在國際會議中已對貴國代表有極好之
表現。又國務院似認為其在此一方面業已施以影響
力量。

葉：坦率言之，余覺貴方過去關於和約問題，應可對英
方施以更大之影響力量。關於此事，貴方似已對英
方之見解作無條件投降。貴方必須了解：如我方與
日本之和約不與金山和約同時生效，則我方在東京
之地位將感極端困難。

藍：余了解此點，余曾一再分析貴方之地位，並對此點予
以注意。余將就部長關於此事所言一節提醒國務院。

葉：希望貴代辦在呈國務院之報告內，勿忘提及余對於
「不久之後」一語之反響。

四　美參議員勃魯斯特有關和約的消息
葉公超部長與勃魯斯特談話簡錄
民國四十年十二月十五日

甫由日本東京來抵臺北之美參議員勃魯斯特，於十二月
十五日午刻面告葉部長下列三項消息：

（一）十四日上午東京英駐日代表團團長接獲英外相艾
登訓令，屬向日本外務省表示英政府認為日本
不宜於此時與任一中國政府簽訂和約。英國政
府對於此一問題，將於明年一月邱吉爾首相與
美杜魯門總統會晤時提出意見。日方已將此項
通知告知杜勒斯。

（二）美國務院顧問杜勒斯、參議員史巴克曼、史密

斯等與日本政府首長舉行會晤時，曾強調日本應
與美國政府在政策上採取一致行動，倘日本此時
承認中共則與美國政策相背馳。日方表示日本政
府固願與美國政府在政策上合作，但在目前情況
下，對於與臺灣中國政府簽約一節，尚不能即予
決定，仍盼英、美兩政府對此問題能獲得諒解。

（三）杜勒斯與在日各參議員極感失望。勃魯斯特預料邱
吉爾抵美時，必將因此而引起不少反英輿論。並
謂可能參議院於批准對日本和約時將遭遇困難。

五　美方等待杜魯門與邱吉爾會談

葉部長與藍欽公使談話紀錄

時間：民國四十年十二月廿八日上午十一時

地點：外交部

（此次談話係由葉部長邀約舉行，此處所錄僅僅關於對
日和約部份）

葉：今日余有幾個問題向貴代辦提出，首先請問貴代辦
　　前就杜勒斯先生與吉田先生談話一事向華府及東京
　　所發電報，已否收到覆電？

藍：余尚未自華府或東京接獲任何確訊，甚為抱歉。但
　　余獲有一項消息，即：杜勒斯先生確曾努力以求此
　　事圓滿結束，且彼與吉田之洽談，已獲有相當程度
　　之成功，但國務院顯然尚未能就余關於本案之去電
　　詳明予以指復。

葉：此項消息是否係來自國務院，以作為一種暫時答
　　覆者？

藍：否，余僅奉命向貴方之焦急表示同情，並向貴方
　　確切說明此事現正在國務院辦理之中，余已自一項並
　　非特列發致本館而係發致遠東某數館之通電中，獲得
　　一項印象，即：杜勒斯先生確曾懇切與吉田先生提起
　　此事，余可以閱讀電訊所得奉告部長，此事業已另行
　　推進一步，余雖未獲確切消息，但以余個人判斷，此
　　事將在杜魯門總統與邱吉爾首相會談時提出。因之，
　　我方未必能在杜、邱會談前答覆貴方。換言之，此事
　　在杜、邱會談結束前，暫告擱置，我方既不能確言
　　杜、邱之間是否必將面談此事，則余頗有理由相信在
　　會談結束前，貴方將不能獲得答覆。

葉：此消息雖簡略，承貴代辦見告，仍表感謝。與貴代
　　辦個人之見解，余亦表感荷，但余不能已於言者，
　　即余對國務院目前處理本案之方式，甚感不快。貴
　　國務院似係採用一種以不告知我方究竟有無答覆前
　　來（姑不論答覆之內容如何），而使我方坐待答覆
　　之方式，余深感困惑。如最後答案並未就緒，則國
　　務院至少亦可給我方一項暫時答覆。若上述處理事
　　務之方式，誠難認為足以招致信心，望貴代辦明明
　　白白轉陳國務院，我方對於和約之立場並未變更，
　　且我方除依金山和約大致相同之條款訂約外，對於
　　任何代替雙邊對日和約之方案，均無意接受。

藍：余相信關於此點杜勒斯先生當與余同樣明瞭，對
　　於國務院處理本案之方式，余不快之程度與部長正
　　同，余向部長表示余失望之情緒已不祇一次，魯斯
　　克先生係一位具有若干魄力與性格之人，現彼已離

位。克勞伯前此經常處理有關中國之重要政治文件，已以澄清忠貞可疑份子而被免職，麥誠德亦已離去，部長之老友艾立遜現正代理魯斯克，泊爾金斯則為中國事務局副局長，部長均知其為人，彼等與貴方之目標均表同情，但恐在國務院不足發生重大力量耳。國務卿本人正忙於其他問題，彼或將與杜勒斯先生商討此事，余對部長之感覺完全同情，事實上余已隨時將部長之感覺以激越之言詞轉陳國務院。

六　杜魯門與邱吉爾會談有關中國問題

顧維鈞與杜勒斯第十九次談話

時間：民國四十一年一月十四日

地點：美國國務院

列席：美代理次長阿禮生

杜：　關於中日雙邊和約問題：（一）余上月在東京與吉田洽談，所得印象良好，日本頗願與貴方成立和約，祇望美能將英、美間對此問題之異見，設法消除，俾日方易於進行，其所以對貴方願與美採取一致政策者；實因瞭解美方不能視中國大陸現在政權為一永久事實，將來必設法使有變更，此亦為日本之願望，否則日亦不能冒中共政權仇視。乃此次英對美主張未能同意，仍謂英之承認中共雖未發生良效，中共政權前途仍或有望，而對貴國國民政府前途則視為毫無希望，故認美對貴方支持政策為錯誤，而不願日本與貴方訂立和約。美方頗感失望。

　　但細察英之態度，以美既堅持，亦不願積極反對，僅斤斤於會議錄內載明英所表示之反對態度，而不久在英議會內亦將和婉說明英意，日本不宜與我國成立雙邊和約，至少不宜於多邊和約生效以前開始此項談判。（二）英意雖如是，美現仍擬推進其固定主張，催促日本早日與貴方開始談判。業於十二日電令駐東京政治代表即將美、英會商結果告知日方，並促其對貴方進行雙邊之談判。

顧：（對英態度亦表示失望後）此次美、英會商結果，於日本將有何種影響？是否可能繼續猶豫觀望？

杜：日本可能以美、英既未能一致，仍將觀望。但余料不至如是。因日本現政府固定政策為反對共產而與美國合作，美對日勢力不但不因多邊和約生效而停止，且將從此更將加進，如日本不遵守對美之諾言，美自有辦法應付。故余料日本即將於日內正式宣布其與貴方成立雙邊和約之願望。

此間美議院中頗有主張中日雙邊和約應於多邊批准生效以前成立，但余不以為然。因日本與他國間之一切雙邊條約，均應成立於多邊和約生效以後。即對美、日間之漁業專約、日韓、日印尼及日菲等各雙邊條約，美亦抱一致態度，不贊成先行簽字。

顧：尊意「成立」兩字，作何解釋？中日雙邊和約究應於何時將談判完竣而劃押、簽字、批准、生效？

杜：中日和約可開始談判，而於多邊和約生效前完成劃押。但其簽字與批准生效，當在多邊和約生效以後。

顧：日方是否於正式宣言後即派議約專員赴臺？我對此
　　項議約專員，自表歡迎。

杜：是，余亦曾聞日本有派犬養健擔此使節之意。

顧：聞最近日政府將派海外貿易主任代表擔任此事。

杜：邱相對蔣總統間究竟以何故成見頗深？

顧：第二次世界大戰期間，中、英兩方政策見解不同，
　　未免發生種種磨擦，而英種種負我之處，亦引起我
　　方反感甚多。但艾登外相與我態度當見較優。

杜：不，邱相成見雖深，尚能採取遠大目光。此次余與
　　艾登談中日和約事，艾之對貴方態度，不肯放鬆，
　　較邱為更劣，殊出意外。或以英議會中同此主張者
　　為數甚多，保守黨之多數甚微，難能依靠。兼以顧
　　及印度與中共之政策，而出此態度，亦屬當然。

七　日本首相吉田茂致杜勒斯的函件及中方聲明

1. 吉田函件

吉田致杜勒斯函譯文

　　　　　　　　　　　　民國四十年十二月二十四日

　　當對日和約及美日安全條約在日本國會眾議院及參
議院辯論時，關於日本將來之對華政策，若干問題曾經
提出，若干聲明因亦隨而發表。該項聲明因與上下文及
背景割離而予閱讀，致引起種種誤解。對於此種誤解，
本人亟願予以澄清。

　　中國為日本之近鄰，日本政府終願與之有一全面之
政治和平與商務關係。

　　在現時，我方希望能與中華民國國民政府拓展該項

關係；蓋中華民國國民政府現在聯合國擁有席位及發言權與表決權，並對若干領土行使實際上之政府權力，且與大多數聯合國會員國保持外交關係。為此，我國政府曾獲得中國國民政府之承允，於一九五一年十一月十七日在臺灣設立一日本政府海外事務所。此乃在多邊和平條約生效之前，日本現所獲許與其他國家間最高形式之關係。

日本政府駐臺海外事務所，在人事上，具見重要，此適顯示我國政府重視與中華民國國民政府間關係之意。我國政府現準備如中國國民政府有此願望，即儘速在法律上可能時，依照多邊和平條約內所揭櫫之原則，與該政府締結一項將重建兩國政府間正常關係之條約。該項雙邊條約之條款，關於中國國民政府之一方，應適用於現在在中華民國國民政府控制下，及將來在其控制下之全部領土。我方願迅速與中國政府探討此案。

至於中國共黨政權，該政權事實上現仍被聯合國判定為侵略者，且聯合國已因此而建議對抗該政權之若干措施；日本對該項措施現正贊同，將來亦必予贊同，因依照多邊和平條約第五條甲款第三項之規定，日本已承擔對於聯合國依憲章規定而採取之任何行動盡力予以協助，並於聯合國對於任何國家採取防止或執行行動時，對該國不給予任何協助也。復查一九五○年在莫斯科締結之「中蘇友好同盟互助條約」，實係以對付日本為目的之軍事同盟。而在事實上亦有甚多理由相信，在中國之共黨政權，現正支持日本共產黨圖以暴力推翻日本現政府之憲政政體。鑒於此等考慮本人可向閣下保證，日

本政府無意與中國共黨政權締結雙邊和約。

2. 中方聲明

外交部葉部長公超於一月十八日午後一時，就日本政府本月十六日於東京公布吉田首相致杜勒斯函，發表聲明如次：

已在東京發表之吉田首相致杜勒斯先生關於中日媾和之函件，關於此問題前所存有之誤解，得以廓清，該函並對日本將與各自由及民主國家之陣營協力維護世界和平及安全之意願，有所闡明。

我政府曾一貫主張對日媾和應從速實現，且曾與其他盟國為此目的而共同努力，中日和約之締結，已遭遇不應有之稽延，中國政府現準備隨時與日本政府開始商洽，俾和約得以早觀厥成。

日本政府對於現正占據中國大陸之奴化共產政權，及一九五〇年在莫斯科簽訂之所謂中蘇友好同盟互助條約之真相，均已完全明瞭，我政府對此殊感欣慰。日本政府復表示將盡力協助聯合國制止侵略之措施，對於此點，我政府亦表歡迎。

八　中方對雙邊和約生效時間的表示

葉公超部長與藍欽公使談話紀錄

時間：民國四十一年一月十八日下午三時

地點：外交部

在座：胡次長慶育

（此次會談係由葉部長邀約舉行）

葉：此係關於吉田首相公布致杜勒斯先生函件一事，
在今午所發之聲明副本（將該聲明副本遞交藍欽公
使）。我方現正依照金山和約大致相同之條款準備
雙邊和約約稿中，數日內將以稿本一份送與貴代
辦。我方自歡迎貴方對約稿表示意見，並希望貴國
政府予以支持，並將貴方給予支持一節設法轉知日
方。我方現準備與日本政府開始商洽締結雙邊和約
事宜，並將以商談進展情形，隨時轉告美國政府。
我方並希望在商談過程中，美國政府將視需要情形
隨時居間斡旋，以使此項和約談判得以順利告成。
我方對於美國政府尤其是杜勒斯先生在拉攏中、日
雙方進行和約談判上所已作之努力，深為感激；今
後，我方將繼續盼望美國政府以金山和約主持者及
對日主要佔領國之身分，始終協助我方進行談判，
俾雙邊和約得觀厥成。但中國政府仍主張中日和約
應在金山和約生效之前予以簽署。對於杜勒斯先
生向顧大使所提之辦法，即：在金山和約生效之
前，我方僅能草簽雙邊和約稿一節，我方殊不以為
滿意，蓋我方不願見中國之地位降於金山和約第
二十六條所視定之地位。至於雙邊和約之生效倘貴
方以為甚難符合我方之願望，則我方可不堅持該約
應與金山和約同時生效。本人今日所談各節，望貴
代辦轉陳國務院。

藍：當照辦。

九 美國務院對「實施範圍」及簽約時間的答覆

美代辦藍欽公使於一月十九日正午約見外交部葉部長，據稱彼已接獲國務院答覆其在本月十六日與葉部長談話後立即所發電報之電訊，言次並親筆記下下列各點：

一、美國政府一貫所採之立場為：日本與其他國家間之雙邊條約可在多邊（金山）和約生效之前談判並將最後約稿草簽，但該項雙邊條約之正式簽字，不能在金山和約生效之前舉行。日美加漁業條約及菲律賓暨印尼關於賠償之談判，均依此一程序進行。

二、關於雙邊和約實施範圍，美國政府相信為避免對日本將來擴張領土有所誤解起見，當以使用一項單邊條款（按即指該條款僅適用於締約國之一方）為佳。美國政府認為如此亦不致將任一簽字國置於較劣地位。

三、據了解日本在短期內將自動經由其駐臺北海外事務所所長或另派專使開始雙邊條約之談判。

第四節　和約名稱的商討及中日對雙邊和約的意見

一　吉田首相的照會及何世禮團長的復照

日首相兼外務大臣吉田茂致中國駐日代表團團長何世禮照會譯文

敬啟者：茲為證實起見，特奉達閣下：河田烈先生將奉派為日本政府之全權特使赴臺北，依照一九五一年九月八日在金山市簽訂之對日和約所定各原則，議商一項將與貴國政府終止戰爭狀態並重建正常關係之雙邊條約；河田烈氏將由日本政府授予全權與貴國政府簽訂該項雙邊條約，該項簽訂僅需國會之批准；河田烈氏並將由外務省職員隨同前往；如蒙閣下將貴國政府關於此事之見解見示，本大臣當深感荷。

本大臣順向閣下重表崇高之敬意。此致中國駐日代表團團長何世禮將軍閣下。

日首相兼外務大臣　吉田茂（簽字）
公曆一千九百五十二年一月三十一日

中國駐日代表團團長何世禮復日本首相兼外務大臣吉田茂照會譯文

敬啟者：接准閣下一九五二年一月三十一日照會內開：

「敬啟者：茲為證實起見，特奉達閣下：河田烈先生將奉派為日本政府之全權特使赴臺北，依照一九五一年九月八日在金山市簽訂之對日和約所定各原則，議商一項將與貴國政府終止戰爭狀態並重建正常關係之雙邊條

約；河田烈氏將由日本政府授與全權與貴國政府簽訂該
項雙邊條約，該項簽訂僅需國會之批准；河田烈氏並將
由外務省職員隨同前往；如蒙閣下將貴國政府關於此事
之見解見示，本大臣當深感荷。」等由；來照內容，已
轉陳本國政府，茲奉令答覆如下：

（一）本國政府茲願聲明：

　　　閣下在來照內所提之「雙邊條約」，本國政府
　　　了解為即係兩國間之「和平條約」。

（二）基於上項了解，本國政府對於來照建議派河田烈
　　　氏為全權特使來臺一節，表示同意。

本團長順向閣下表崇高之敬意。此致日本首相兼外務大
臣吉田茂閣下。

中國駐日代表團團長何世禮
中華民國四十一年二月四日

二　日方對於條約名稱問題的意見

葉公超部長與木村四郎七所長談話紀錄

民國四十一年二月九日

（此次談話係木村由日返臺後首次拜會時所為者）

葉　：（寒暄後）何團長代表本國政府，致貴國吉田
　　　首相之復照，貴國政府諒已收悉。

木村：本國政府已知悉，本人亦曾閱過。

葉　：中、日兩國問題，本應由兩國政府直接商談，但
　　　美國係對日和約之主持者，對於中日問題，亦極
　　　關切，故本國政府，曾就此問題，迭次與美方交
　　　換意見。在中、美兩方商討此案期間，中國之了

解為中、日間行將商討締定之條約，其名稱為「和約」，內容則與金山和約大致相同。美方所了解者亦然。想貴國政府所了解者亦係如此。

木村：條約名稱問題，本國政府正在最後檢討階段中，本人離東京時，尚未聞有所決定，相信決定後即將訓令河田代表，該代表現定十六日攜此項訓令飛臺。

葉　：據本人所了解者，美國方面與本國政府及貴國政府磋商結果，（一）中、日兩國間行將商討締定之條約，為一和約，（二）實施範圍一點，不在條約中訂定，而用其他方法表現之，貴國政府所了解者，諒必相同。

木村：（言次微露驚訝之色）吉田首相致書杜勒斯氏之經過，本人充分知悉，但貴部長所談兩點，本人迄無所聞，吉田函件中並未提及「和約」字樣，貴我兩方行將商討締定之條約，如超出吉田函件範圍以外，我國政府將極感困難。

葉　：對吉田首相所遭遇之困難，本人極為理解，但相信此項困難，可因「實施範圍」之規定而將消弭。

木村：貴部長謂「實施範圍之規定，可消弭吉田內閣之困難。」實際並不如此簡單，吉田函件公布，日本國會及輿論界，除少數例外外，均表反對，該函並未提及「和約」字樣，尚且如此，如用「和約」字樣，則反對之烈，更可想見。側聞吉田首相一月二十九日在參院答覆議員之語（按即答覆

岡本愛祐者），貴國方面頗多誤會，實則因自由
黨在參院並未握有多數，本國政府為應付參院，
煞費苦心。據本人觀察，本國政府為顧慮貴國政
府之政治尊嚴，故對行將商訂之條約極為重視，
此項條約既需國會通過批准，自不能不考慮週
詳。日本一般輿論，現正關心條約名稱與內容之
關聯，名稱如係「和約」，則在內容方面，或不
免加諸日本以過重之負荷，既有上述種種困難情
形，本國政府對於名稱問題，自不能輕予決定，
但本人相信，俟本國代表到後，與貴代表，就各
種項目，從長計議。當能達到一致之點。

葉　：何團長代表本國政府照復吉田首相之主張，及
本國政府與美國政府所了解者，既如上述，故
本國政府，始終認為貴國政府了解者，亦復相
同，本人已向本國政府及立法機構報告如此，
貴我兩國間行將商訂之條約，如非以金山和約
為藍本之「和約」，不但本國政府無以自解，
即對立法院亦殊難於應付，貴所長請「條約不
宜超出吉田函件之範圍」，但吉田首相致何團
長函中曾有「與中國結束戰爭狀態，恢復正常
關係」一語，試問照國際法言之，兩國間結束
戰爭狀態，恢復正常關係，捨締訂和約外，尚
有何種方式可循？貴所長又請貴國輿論界，認
為條約名稱與內容互有關聯，深恐名稱如係和
約，則內容可能加重日本之負荷云云，然則貴
我兩國間行將商訂之條約，其內容亦將與金山

和約大不相同乎？若如金山和約原則相同又何
所恐懼？

木村：不然，本人並非請日本方面所擬之條約，將與金
山和約大有距離，不過據本人印象，本國政府
深確在雙方正式開議以前，對條約名稱，遽予決
定，貿易遭遇阻礙，甚至使已經接近之意見，發
生距離，不如留待雙方正式開議時，再行商討，
總之金山和約，雖為行將商訂之藍本，而吉田函
件則原屬現實之規範，無條約之名稱與內容，均
不宜遠離現實。

葉　：本人現在並非與貴所長辦理和談交涉，不過因
貴所長甫行歸任，印象尚新，擬就此廣泛交換
意見，俾使和談能得到順利進行，貴所長所稱
「加重負荷」一層，想係指賠償問題而言，試思
金山和約簽署以前，杜勒斯氏不惜遠道赴日，
迭次就商，始行訂定，則貴我兩國間行將商討
締訂之和約，我方又焉有不經商討而強求貴方
接受之理，我方所了解者迄今仍為一「以金山
和約為藍本之雙邊和約」，此話殊難更易，相
信將來開議時，我政府亦必堅持。

木村：本國方面所慮者，即條約名稱如係條約，則內
容與名稱相稱，自必有種種不同，不但加重日
本之負擔，而且遠離現實。

葉　：不知此點是否即係貴方唯一憂慮之點。

木村：適間向貴部長說明，吉田函件內未提「和約」
字樣，我國國會及輿論之反對，尚且如此激烈，

　　　　　則一旦提名「和約」兩字，其影響更可想見，本
　　　　　人在東京迄留三星期，亦曾參與致書何團長之工
　　　　　作，自問對雙方空氣，均甚明瞭，本人並已受命
　　　　　為河田代表之首席團員，本人確信雙方代表會晤
　　　　　之後，開誠相見，無論在名稱上或內容上，必能
　　　　　獲得圓滿之解決也。

葉　：貴所長能襄助和談工作，本人深感欣慰，尚望
　　　　以後對中日兩國友好關係，多多努力為盼。

三　中方重申對條約名稱所持之立場

1. 葉公超部長面交木村四郎七所長文件

　　　　　　　　　　　　民國四十一年二月十一日

　　茲請日本政府駐臺北海外代表將下列各節轉達日本
政府：「關於日本首相與中國駐日代表團團長就中華
民國與日本間媾和一事所交換之照會，經查首相在其
一九五二年一月三十一日致何團長世禮之照會內曾稱：
「河田烈氏將奉派赴臺北」與中華民國政府「商議一項
將終止戰爭狀態並重建正常關係之雙邊條約」；何團長
曾於中華民國四十一年二月四日轉致首相一項覆照，內
稱：「（一）本國政府茲願聲明：首相當時來照內所提
及之『雙邊條約』，本國政府了解為即係『和平條約』
及（二）基於上項了解，本國政府對於首相來照「建議
派河田烈氏為全權特使來臺一節，表示同意。」日本政
府之任派河田烈氏及決定河田烈氏之來臺日期，事實上
似係依照在中華民國四十一年二月四日何團長之復照內
所述，中國政府據以同意建議任派河田烈氏之了解而行

事。中國政府在準備接待河田烈氏，並準備給予為其所奉職責之圓滿執行所必需之協助與合作之際，願同時向日本政府強調下列一項要點，即：為使擬議中之談判得以順利進展起見，河田烈氏於離日之前應充分獲悉上述了解，並應受有使其能充分實踐該項了解之權力。中國政府現正考慮遴派一位全權代表，以會同河田烈氏進行條約談判。遴派之全權代表將攜有締訂中華民國與日本間和平條約之全權證書。倘河田烈氏所受全權缺少中國全權代表所具有者，則當兩全權代表會晤相互校對其全權證書之時，或將立即發生嚴重之困難。」

中華民國四十一年二月十一日於臺北

2. 葉公超部長與藍欽公使談話紀錄

時間：民國四十一年二月十一日上午十一時三十分
地點：外交部
（此次談話係由葉部長邀約舉行）

藍： 余在二月八日（星期五）發致席波先生（盟總外交組長）之電文，業已接獲覆電。前電即係余將電稿私下送請貴部長過目者。席波先生在電內曾闡明，余對此電內容所決定轉告貴部長之任何部份，無論如何，均不能涉及席波先生或本人，故此事係極端機密。席波先生收悉本人之電報後，曾立即赴日本外務省。經兩度與同一負責人員交談後，席波先生獲得下列印象，即：日方願稱此約為和約，但對貴方所稱「實質上之和約」究何所指，則頗有茫然而摸不到頭腦之感。席波先生

曾據告：二月十二日（星期二）日方將舉行內閣
會議，在該會舉行後，席波先生或較能證實其印
象。余現須將席波先生來電唸一段與貴部長聽，
原文如下：「余願敦促中國政府減少其在河田烈
氏抵臺前，向日本政府獲得進一步之闡釋或承諾
之意圖，目前應著重迅速與相互間之合作精神，
而此亦應作為條約談判之基礎。日本政府在決定
與中國政府媾和一事上業已遭遇相當困難。日本
報章所引述之言論大多係為應付反對而發。余亦
已依據代辦來電，向日方解釋葉部長在臺與立法
院間所遭遇之類似困難。中國政府最好不特別重
視日本報章所引述之日本官員之言論，蓋此等報
章上所引述之言論，屢屢僅屬部份正確也。」

葉：　余望貴代辦向席波先生確切說明：我方無意在許
多重要事項上預行獲得闡釋，但有一點應使席波
先生理解，即：除非日方對河田烈氏係來此與我
方締結和平條約之事實予以接受，則談判或可能
在雙方全權代表交換全權證書之初，即遭擱淺。
我方全權代表將受有締結和平條約之全權，倘日
方全權代表未經授予同等權力，則此一授權範圍
之重大差別，將使雙方代表無法進行商談。其他
事項應可留待以後商談，但此一根本要點必須在
河田烈氏抵臺前予以澄清。

藍：　余業已依照貴部長所述之明確詞句，將貴方立場
闡述明白，下午余將再發一電重申貴方之立場，
並補敘貴部長適所提及之實際困難。

四 中日雙邊條約的名稱問題的交涉

1. 葉公超部長與木村四郎七所長的交涉

民國四十一年二月十三日

（此次談話係應木村所長之請求舉行者）

木村：本國外務省昨夜來一電報，該電前半段大意，已於今晨面告貴部汪司長，後半段較前半段尤為重要，頃始譯竣，特來奉告貴部長，該電內容如次（言次取出電稿宣讀）：「美國駐臺北藍欽公使致電盟總外交組席波組長，述明兩點，即（一）中日間之條約，在名稱及內容方面，均應為一和約，（二）實施範圍一點，應不訂入條約之內，該公使並要求席波組長，在河田代表出發以前，設法使日本政府方面，明瞭以上兩點，席波組長當即將此意通知日本政府，為此，岡崎國務大臣，於十二日代表日本政府，對席波組長作如下之陳述，即：日本政府關於席波組長所通告之兩點，業已明瞭中國政府之立場，但在中日交涉正式開始以前，日本政府之態度，如越出吉田致杜勒斯函件之範圍，則在日本內部，頗可發生困難，且日本政府認為上述兩點，應為即將在臺北舉行之交涉內容之一部份。』」除以上一節外，本國外務大臣，並訓令本人，以下列三點當面代達貴部長，即：「（一）日本政府願以充分誠意考慮中國政府之立場，（二）關於席波組長轉達之兩項問題，日本政府已賦與河田代表以商討決定（該兩項問題）之全權，而令其前往臺北，

（三）務請中國政府在交涉開始以前，勿過拘泥
於形式上之問題為幸。」以上為來電內容，敬請
貴部長瞭解。

葉　：貴所長宣讀各節，均已聆悉，對吉田外務大臣
見示各點，深致感紉，惟此除本人不能不重申本
國政府之立場，即行將締訂之條約，必須為一名
實相符之和約是也。本國政府為統一各方意見，
而求交涉順利進行，已盡各種努力，本人自問亦
已克服許多困難，但名稱一點，實非本人所能
為力，本國政府對此點仍然堅持，本國立法院已
於日前復會，該院外交委員會，曾迭次邀請本人
出席說明，本人為爭取各立委之理解，在立院所
作之說明，不啻為貴國政府解釋處境之困難，但
若不明確規定和平條約之名稱，本人相信政府及
立法機關均難接受，本國政府在規定條約實施範
圍之變通辦法下，主張明訂條約之名稱，決非苛
求，尚盼貴所長能進一步努力，使貴國方面理解
本國政府之立場，如本人在立法院所為者然。

木村：本人於九日拜會貴部長後，即已將貴國政府之意
見，及本人之印象，報告本國政府，十一日貴部
長面交之文件，復已於十二日用電報傳達，適間
奉告之外務省來電，係昨夜收到者，以時間計
算，應在閱悉貴方文件之後，但來電並未言明，
故該電究係對本人前次報告而發，抑係答覆貴
方文件者，現尚無從臆斷，本人揣測，本國外務
省，於接獲本人所傳達之貴方文件後，對於最後

　　　　　一節，即全權證書內應明商談和約云云一點，正
　　　　　感困惑中。

葉　：全權證書中，如書明商談和約一點，則主題既
　　　　　定，其他內容方面之交涉，自可於河田先生到後
　　　　　雙方協議解決，否則於最初互驗證書時，即發生
　　　　　歧異之點，前項文件中最後一節之主張，其用意
　　　　　亦即在是。

木村：據本人所知，出具全權證書之手續，本國政府，
　　　　　業已辦竣，此項手續，須上達宮廷，事後如欲更
　　　　　改，幾不可能，頃謂外務省當正在困惑中，亦即
　　　　　為此，此事不知是否尚有其他表現方法，貴部長
　　　　　可以見教否。

葉　：此事重大，本人亦須請示最高當局，其困難情
　　　　　形，與貴國外務省正復相類，承詢一節，容本人
　　　　　略加考慮，隨後奉告如何。

木村：甚謝貴部長好意。

2. 外交部亞東司長汪孝熙與中田談話後所作的
報告

民國四十一年二月十六日晚八時三十分，日本政府海外
事務所副所長中田豐千代來職宿舍（南京東路一一九巷
三弄九號）面告：「木村所長謁見胡次長後即擬將胡次
長所告知之方式（見註）以電話向外務省請示。惟長途
電話久掛未通，嗣幸外務省亞細亞局長倭島適有電話來
告知；「經今日午後首相所召集之會議，最後決定仍
照原定計劃令河田特使按期去臺，現特使已赴機場待

發」。木村即以隱語向倭島局長報告其與胡次長談話情形，惟倭島局長在木村開始報告時即打斷其詞，謂此種機密事件不應用電話報告，現中日交涉正在極度微妙之際，任何消息均應避免洩漏機會。且席波大使已將中國政府意見告知，而政府最後決定仍派河田去臺。俟河田特使抵臺後，木村即能明瞭日本政府所持之態度而不必再有所請示云云。現祇得俟河田特使抵臺後再行答覆。但木村與彼個人認為河田特使既照原定計劃來臺，此事當有轉機；彼輩原恐此事僵持而河田特使因此或取銷或延緩其來臺之日期，以致雙方談判破裂，現則可以放心」等語。職即復稱「雙方對條約名稱之誤會，如不能在互相交閱全權證書以前予以消除，則前途仍難樂觀，本人之恐懼心理仍未能泯除也。」中田謂擬於明日十一時再來部與職面商。彼又透露日本外務省昨晚訓令謂倘中國政府堅持修改全權證書，則日本政府祇有對遣派河田來臺一事重予考慮，而今日午前訓令對中國政府要求一項文件補充全權證書一節，日本政府亦難同意，是以昨今兩日木村與彼個人均極感恐慌云。

五　和約名稱問題中日雙方成立諒解

外交部葉公超部長與日本河田全權代表談話紀錄

時間：民國四十二年二月十八日下午二時

地點：外交部

在座：外交部胡次長慶育

　　　鈕專門委員乃聖

　　　　　日本政府海外事務所木村所長

　　　　　中田副所長

葉　：（略事寒喧後）在貴代表到達以前，本部胡次
　　　長與貴國事務所木村所長，曾有一度洽商，其
　　　內容貴代表想已知悉，茲願與貴代表之間，就
　　　該項問題，覓取結論。

木村：本人與胡次長談話內容，及以往貴我兩方洽商經
　　　過，已詳細報告河田代表。

河田：此事本人離東京前，已得悉一半，質言之，即關
　　　於本人之權限問題是也，本人之全權證書，係以
　　　日本文字書寫，本國政府對文字上之表現方法，
　　　曾煞費苦心，此點木村所長當已奉告，本國政府
　　　所以如此困惑者，實由於對內、對外兩項關係，
　　　至貴國方面之心理，本國政府則已充分知悉，將
　　　來雙方協商後，如到達必需如此之結論，本人自
　　　可負責決定，簡言之，不問日本文字之表現如
　　　何，本人有權簽署任何字樣之條約。

葉　：貴代表是否即謂有權簽定任何名稱之條約。

河田：然。

葉　：一月三十日貴國吉田首相，致本國代表團何團
　　　長之照會，言明願與本國結束戰爭狀態，並恢
　　　復正常關係，而締結條約，本國政府於二月四
　　　日訓令何團長答覆貴方，即本國政府了解貴方
　　　所稱結束戰爭狀態恢復正常關係之條約，為一
　　　項和約，本國政府基於此項了解，而同意貴代
　　　表來臺，嗣後貴方報導，及官方人士之發表，

屢有與本國政府所了解者，不盡相同之處，因此本國政府不得不要求貴國政府，重行表明，因備就一項文件，交由木村所長轉達，本月十四日，木村所長曾致函本人傳達貴國吉田外務大臣之意見，以上各節，略為近日貴我兩方洽商之經過，美國為金山和約之主持者，對於貴我兩國間之媾和問題，亦極關切，經數度接洽結果，美國方面之了解，與我方亦復相同，本國政府對此項了解，不但迄無變更，且將繼續堅持，貴我兩方代表全權證書所訂明之代表權限，是否相同，現為本國政府及立法院最大疑慮之點，本人現受命為全權代表，奉有簽定和約之全權證書，同時又為本國之外交部長，對政府及立法院均負有說明之責任，故處事自須特別審慎，既據貴代表言明，有權簽定任何名稱之條約，此點即可作為貴方對於木村所長所轉達之貴國外務大臣之意見之補充事項，本人亦即據此報告本國政府及立法院，認為貴代表全權證書所具之權限，已與我方一致。本人所了解者，是否正確？本人適所建議者，可否照辦？請見告。

河田：自可如此辦理，本人適間所稱本國政府對內對外均有困難云云，對內一點，姑置不論，對外云者，係指英國及英國系統諸國而言，本國政府所以固執結束戰爭狀態，恢復正常關係二語，而不敢輕及其他者，抽象言之，實因顧慮英國關係而然也，至貴我兩國之關係，坦率言之，現正處於

　　　　一種微妙困難之境地，吾人正不必拘泥於國際
　　　　法上之解釋，貴國有語云「自我作古」，目前
　　　　貴我兩國之情形，在歷史上既不多覯，似不妨
　　　　作一創例也。

葉　：本人對於貴國政府處境困難，素予兼顧，前此
　　　　何團長致貴國吉田首相之復照，所以僅述明本
　　　　國政府之了解，而未對貴方來照所用字句根本
　　　　提出異議者，除顧及我方對於貴方首相應有禮
　　　　貌外，其意亦在不欲置貴國政府於過分困難之
　　　　境地，且認為貴國政府對我方之要求，必能以
　　　　行動答覆故也，至國際法上之問題，本人不欲
　　　　在此多所論列，但我政府為中華民國之正統政
　　　　府，則不容否認，我政府現仍為多數國家所承
　　　　認之政府，且為始終領導中國與各盟國比肩作
　　　　戰之政府，又為參加受降及佔領之政府，此種
　　　　地位，迄為大多數國家所承認，在自由主義國
　　　　家陣營內尤然，貴代表頃間言及英國系統國家
　　　　之問題，此類國家，現雖有數國與我無外交關
　　　　係，但其中加拿大、澳大利亞、新西蘭、南非
　　　　聯邦等國則仍與我保持相當友誼，總之，目前
　　　　世界上自由主義與共產主義之間，壁壘既極顯
　　　　明，則國與國間之關係之存廢，與其謂基於國
　　　　際法上觀念，毋寧謂基於政治性之立場，貴國
　　　　與我國間行將決定之關係，係屬貴國政府對兩
　　　　大陣營取捨之問題，自不必因目前之微妙困難
　　　　而有所疑慮也。

河田：本人受命來此，不但欲使本國與貴國之間，言
　　　歸於好，且為將來計，實欲消弭兩國國民間之誤
　　　會，培養親愛心理，此不但兩國間之幸福，為謀
　　　東亞安定，亦必須如此，本人實具有此種心情，
　　　尚祈貴代表諒察是幸。

葉　：本人認為關於貴代表權限問題，貴代表與本人
　　　之間，已成立一項諒解，甚願在此項諒解之下，
　　　使會議得順利進行，現願就程序問題，與貴代表
　　　一商，明日下午三時擬互校全權證書，再就會議
　　　所涉若干事務問題，如所用之文字及紀錄以及發
　　　佈新聞等問題，作一決定。至開幕儀式，則擬於
　　　二十日上午十一時舉行，屆時由本人致開會詞，
　　　由貴代表致答詞，即作為完成此項儀式，本國政
　　　府所擬定之雙邊和約草案，亦將同時面交貴代
　　　表。不知貴代表對於此項步驟，有何意見？

河田：本人完全同意，明日當準時拜訪，惟如貴代表
　　　開會詞稿，如能事先見示，對於本人答詞之撰
　　　擬，當有補助。

葉　：本人開會詞槁，脫草後當即奉達。貴代表答詞，
　　　亦望於事前見示。

六　葉部長對立委關於中日和約問題質詢的答覆

1. 對谷委員正鼎質詢的答覆

民國四十一年二月十九日

　　我國將堅持與日本訂立和平條約以終止中日間之戰
爭狀態，日方如於該項和約訂定之外，要求我方另訂友

好條約或其他特殊協定以重建兩國間之正常關係，我自
亦可予考慮。如日方於談判時，提出和約適用範圍問
題，我國為顧及實際情形不能不與之商討時，對該項協
議之文字，自當審慎斟酌。

2. 對魏委員惜言質詢的答覆

關於和約適用範圍問題，如以換文予以規定，自亦
具有約束締約雙方之效力，惟不在和約本身內予以規定
之正式，且將來雙方認為此項問題不復存在時，可將換
文廢止而不影響和約之完整。

至於我國如與日本成立關於和約適用範圍問題之協
議，自以不影響中華民國政府在聯合國之現有地位及其
對於中國大陸之合法主張為前提。

3. 對杜委員荀若質詢的答覆

關於條約之名稱，我國將堅持應為和平條約。我國
與日本簽訂雙邊和約所持基本立場，業經政府審慎制
定，本人當秉此立場，盡力折衝，以求達成使命。

在金山對日和約約文中，並無規定各盟國與日本間
戰爭狀態開始日期之條款，惟該約數度提及一九四一年
十二月七日至一九四五年九月二日之一段時期，各該日
期之規定，旨在解決若干與戰爭狀態有關之問題，我國
對日和約草案，係以金山對日和約為藍本，故亦無中日
開戰日期之規定。至對於若干與戰爭狀態有關之條款應
適用何一日期問題，經再三考慮，認為以民國二十六年
七月七日為中日開始進入戰爭狀態之日期，較為妥適。

如設日本侵華行為始於民國二十年九月十八日，而主張
以該一日期作為中日戰爭狀態開始之日期，則事實上中
日兩國外交關係並未因九一八事變而告終止，我政府於
事變發生之當時及其後，亦未認為中日間已發生戰事，
故此項主張恐難成立。惟中日戰爭狀態開始日期與我國
是否承認偽滿洲國，係截然二事，其間並無直接因果關
係，我國從未承認偽滿洲國，而我與東北之主權，亦決
不因中日開戰日期之遲早而受影響。

4. 對劉委員博崑質詢的答覆

　　我素主張盟國應以「不採報復主義」及「合理的寬
大」原則下，與日本早日締結和約。惟因蘇聯之蓄意作
梗，使對日和會遲遲未能召開，際此時期，共匪勢力日
益膨大，我國際地位亦因我撤離大陸而日益低落，及
至美國倡議締訂金山與日和約時，我終被排斥於其外。
目前太平洋反共陣線正在急劇發展中，而以對日媾和為
其樞紐，故為貫徹我國主張計，為謀與各民主國家合作
共保太平洋之安全計，我實有從速與日本訂立和約之必
要，經半年來之努力，本案已漸有眉目，深信該項雙邊
和約之締訂，不獨有裨於中、日兩國之關係，且為遠東
和平力量奠定一基礎。

　　關於和約實施範圍之規定，我國堅決主張不得載入
和約正文之內。至於雙方就和約實施範圍所作協議，自
決不影響我對全部領土之主權，惟亦不能望其另收防阻
他國侵略我國之效。

七　日本國會對中國問題的辯論

日第十三屆國會（常會）休會後，於本月二十五日重開，各黨派議員，關於中國問題，質詢頗多，茲據各種日文報紙，將問答內容，摘錄如次：

一月二十五日參議院總會

羽仁三七（社會黨左派）問：吉田致杜勒斯函件，是否即認為國民政府仍握有中國之主權，中國大陸與臺灣間之問題，應由中國人民自身予以解決，中共如受人民支持，則吾人自應觀其為中國之主權者，但吉田函件之結果，顯已將中共驅向蘇聯，而予英國及亞洲各國，以極惡劣之印象，且使與中國大陸貿易之希望，更為稀薄，經濟自立，將更困難，吉田函件之發表，雖在國會休會期間，但事關對華態度問題，極為重要，而政府竟以獨斷行為，遽予公布，未免太不民主，此事是否外部壓力使然。

吉田答：中國與日本之關係，自歷史觀之，亦極密切，而兩國間如能進入友好關係，自屬甚善，但目前北京政府與蘇聯定有條約，實際上已視日本為敵人，吾人焉能與其發生關係，日本既豫定加入聯合國，而聯合國現在又與北京政府在交戰狀態中，因此日本自不能承認北京政府。國民政府現為聯合國之一員，且為多數國家所承認，臺灣鄰近日本，現並設有海外事務所，事實上既有政府存在，則吾人與其發生關係，應屬當然。美國亦極了解日本此種政策，並盼能得書面說明，因此本人致函杜氏，其目的在求有助於美國對和約之批准，英國對我國迄今未表示抗議，本人相信英國亦甚諒解。總之此事

由政府負責辦理；並無一一報告國會之必要，國會對此
雖有批判之自由，但並非必需國會之承諾也。

一月二十五日眾議院總會

苫米地義三（民主黨）問：所謂「吉田函件」，並未
徵詢國會意見，而獨斷專行，實係「秘密外交」，函
件中「現在所有及將來可能控制之領土」一詞，究應
作何解釋。

吉田答：中共串通日共，在日本國內謀為不軌，同時中
蘇友好條約亦可視為對付日本之軍事同盟，因此日本不
能與此種政府，進入和平關係。臺灣政府，現在實際支
配中國一部領土，而行使其統治權，吾人與現實統治其
領土之臺灣政府，進入某種關係，並不為奇，國會與國
民對政府之舉措，自可自由批判，其結果如發現政府之
舉措失當，政府自當引咎。（此時反對黨高呼「即應引
咎」吉田云「無此必要」）

水谷長三郎（社會黨右派）問：（一）首相致函杜氏之
動機為何，（二）發表之「時期」具有何種意義，（三）
該項函件，吾人認係被迫而作，首相有何解釋，（四）
函件中稱將不與中共往來，是否亦適用於蘇聯。

吉田答：本人認為函件中稱願與國府修好，足可促成美
參院對和約之批准，中、蘇兩方既定有友好條約，且指
導日共擾亂治安，蘇聯復占據齒舞、色丹等島，強不歸
還，在此情形下，日本決不與蘇聯締結和約。

一月二十六日參議院總會

岡本愛祐（綠風會）問：「吉田函件」之目的，是否將不認國府為中國之統一政府，而認為係一以限定地區為領土之政府，並與之締結和約。

吉田答：與臺灣政府間締定條約，並非即認為對方代表中國而與之締結和約，目前臺灣政府，在某些地區握有統治之實權，日本係根據此種事實，謀求友善關係，而與之締定講和條約，中共既不能改變其對日態度，自不能與日本締結條約，如日本之對臺灣政府者然，但亦並非謂吾人對中國關係，即此已告斷絕。

吉川末次郎（社會黨右派）問：承認國府之舉，是否係被動者。

吉田：（僅重申答覆岡本之語，餘未置答）。

一月二十六日眾議院總會

小川半次（民主黨）問：對外貿易，為日本之命脈，吾人失去中國市場，將從何處求得補償。

吉田答：吾人在戰後即已失去中國市場，但日本之經濟，並未因此而愈形窘迫，近年來日本之生產指數及貿易指數激增，即屬良好之證明。

一月二十八日參議院總會

佐佐木良作（第一俱樂部）問：對中國大陸之經濟往還，已因政治關係而告斷絕，今後不與大陸通商，則日本之經濟應如何重建。

周東經濟安定本部長官答：吾人應開發東南亞地區，

以協助該地區各國之復興，並增進其福利，哥阿鐵礦
（按哥阿在印度西海岸，其鐵鑛現由日本投資開採）
即其一例。

岩間正男（共產黨）問：政府企圖與已遭中國人民唾棄
之臺灣政府攜手，其內幕是否有一種默契，即由日本、
韓國、臺灣合組聯軍，以擔任太平洋集團之一翼？

吉田答：政府視臺灣政府為實際上之統治者，而與其締
結條約，此不過遵循善鄰外交之原則而已。

一月三十日眾議院外交委員會

佐佐木盛雄（自由黨）問：修好條約與和平條約，有
何區別。

石原（原外務省政務次官）答：條約之訂定，依照金
山和約之精神辦理，與國府締結修好條約，並非否認
中共之意。

菊池義郎（自由黨）問：日本所稱之修好條約，如不得
國府同意，則將如何？

石原答：政府並不認為國府係一地方政權，而認為係目
前在臺灣及其週圍行使主權之政權，相信國府方面必能
理解此意。

一月三十一日眾議院預算委員會

上林山榮吉（自由黨）問：政府是否有意與中共締結修
好條約，如對國府所為者然。

吉田答：任何國家，凡欲與日本締結條約者，政府均願
對其施行善鄰外交，日本對臺灣政府，關於包括中國全

土問題，留俟將來再談，已如致杜勒斯氏函件中所明示者，日本實意顧及早與各個國家建立善鄰關係，但目前對於中共，則無法講和。

尾崎末吉（自由黨）問：如中共表示願與日本通商時，政府將如何處理？

岡崎國務大臣答：聯合國現對中共正採取某種措置，而日本政府則應儘量協助聯合國，如不違反聯合國之措置，則通商自亦無妨，但中共現正實施強力之計劃經濟，故日本之對中共通商，恐無若何希望也。

尾崎問：政府遽欲與臺灣政府締結修好條約，據政府解釋，謂目的在促成美國批准和約，此外是否尚有其他理由？

岡崎答：臺灣之國民政府，現為聯合國之一員，並為受降國之一，且參加盟國對日委員會，政府認為中國整個問題，暫可不談。而致杜勒斯氏函件，則為既定之方針，此項函件之發表，自當有助於批准。

二月一日眾議院豫算委員會

西村榮一（社會黨左派）問：美國方面對於吉田函件有無復信？

吉田答：函件僅為表明本人意志，無須復函。

西村問：承認臺灣政府一事，吾人是否可視為承認一亡命政權，或解釋為對交戰國之特殊地區之限定承認？

吉田答：對臺灣政府締結條約，與所謂「選擇兩個中國之問題不同，本人認為與臺灣政府之間，進入和平關係，固屬甚佳，同時亦期待將來能與整個中國締結條

約，本人從未說過「不以中共為對手」，如近衛首相所
為者。（按近衛曾宣布「不以國民政府為對手」）

西村問：因承認國府而生之軍事上及經濟上之負數
（minus）應以何種方法補償？

吉田答：認此舉為 minus 者，實係一種錯誤看法。

西村問：為與七百五十萬人之臺灣政府攜手，而斷絕
四億五千萬人民之善鄰關係，非 minus 而何？

吉田答：中共現正施行貿易管理，因此燃煤等重要物
資，不易輸來日本，中共擁有四億人民，且與日本之間
有韓國問題等類特殊關係，自不容忽視，日本與臺灣政
府締約之後，北平政府或自動提請締約，亦未可知。

西村問：首相向持「中共如不在日本挑唆內亂則可與
通商」之意見，此項主張，是否迄未改變。

吉田答：只要條件具備，不但通商，即進入外交關係
亦無不可，可惜中共並不具備此種條件。

西村問：致杜勒斯函件，僅具吉田茂之名，究竟係私
函抑外交文件？

吉田答：本人既居總理兼外務大臣之地位，該項函件，
自係代表日本政府意見之文書。

二月六日參議會總會

曾禰益（社會黨右派）問：政府對國民政府之賠償問
題如何打算？

吉田答：對臺灣關係，已如致杜勒斯函件中所云，係
建立善鄰關係者，目前為進入此項親善關係，正在考
慮一項條約，但此項條約係屬何種性質，因恐影響交

涉之進行，不便說明。

岡崎勝男（國務大臣）答：對中國國民政府是否賠償，應俟將來商討後決定，目前即有方案，亦未便說明。

二月六日眾議院外交委員會

菊池義郎（自由黨）問：聞對國府講和，有限定地域之說，雙方是否已獲致了解？

石原外務政務次官答：吉田致杜勒斯函件，將為一切問題之規範，政府將基於國府主權所及之現實狀況而進行。

黑田壽男（勞農黨）問：金山和約第二十一條及其他條款內，有關於中國之規定，該約所稱中國，與吾人行將與中國國民政府締結之和約內所稱之中國，是否相同？又臺灣之歸屬，究將如何？

石原答：金山和約第二條已規定日本放棄臺灣，並未提及其歸屬問題，此事應由盟國決定，但吾人不能不承認國府支配臺灣之現實問題，至金山和約中關於中國之規定，係豫想中國能支配其全部領土而訂定者，此次將締定之條約，則係依照吉田函件明示之原則，即基據國府支配臺、澎之現實，故條約中對於「中國」之涵義，自不無限制之意味，本人認為與金山和約中所稱中國，其意義應不相同。

林百郎（共產黨）問：吉田函件既表明不以中共為對手，則與國府締約後，與中國大陸之通商，是否全告斷絕？

石原答：對中國大陸之通商，雖受有聯合國之限制，但並未完全斷絕，此事與此次之和約不相矛盾。

林問：所謂對國府之修好條約，究係何種條約。

石原答：係依據金山和約第二十六條之精神而作有限度之議和者。

林問：吉田函件中幾完全不承認中共政權，今後中共與國府間如發生糾紛，應如何處理？

石原答：中共與國府間之紛爭，係別國之問題，與日本無關。

林問：日本是否可因臺灣問題而捲入此項糾紛？

石原答：此為一假定性之問題，與此次之條約，並無直接關係，縱令有此種情形發生，亦應由聯合國設法處理。

佐佐木盛雄（自由黨）問：金山和約所規定對賠償之請求權，似應屬於握有支配中國大陸之權力之中國政府，臺灣之國民玫府，不應有對賠償之請求權，此點政府見解如何？

石原答：本人認為臺灣之國民政府無權請求賠償。

佐佐木問：不承認國府對臺灣之領土權，而承認其主權，豈非甚為矛盾乎？

石原答：國府為簽署降書之一國，且為多數國家所承認者，因此吾人對國府作有限度之承認，並無不當之處。

民國史料 33

近代中日關係史料彙編：

金山和約與中日和約的關係

Historical Documents on Modern Sino-Japanese
Relations: The Treaty of San Francisco and the
Sino-Japanese Peace Treaty

編　　者　民國歷史文化學社編輯部
總 編 輯　陳新林、呂芳上
執行編輯　林育薇
文字編輯　李承恩
排　　版　溫心忻、盤惠秦

出　　版　 開源書局出版有限公司

　　　　　香港金鐘夏愨道 18 號海富中心
　　　　　1 座 26 樓 06 室
　　　　　TEL：+852-35860995

　　　　　民國歷史文化學社 有限公司

　　　　　10646 台北市大安區羅斯福路三段
　　　　　　　　37 號 7 樓之 1
　　　　　TEL：+886-2-2369-6912
　　　　　FAX：+886-2-2369-6990

初版一刷　2020 年 7 月 31 日
定　　價　新台幣 330 元
　　　　　港　幣 85 元
　　　　　美　元 12 元
I S B N　978-986-99288-2-3
印　　刷　長達印刷有限公司
　　　　　台北市西園路二段 50 巷 4 弄 21 號
　　　　　TEL：+886-2-2304-0488

http://www.rchcs.com.tw

國家圖書館出版品預行編目 (CIP) 資料

近代中日關係史料彙編:金山和約與中日和約的關係
= Historical documents on modern Sino-Japanese
relations: The Treaty of San Francisco and the Sino-
Japanese Peace Treaty / 民國歷史文化學社編輯部編
著.--初版.--臺北市:民國歷史文化學社,2020.07

　　面;　公分.--(民國史料)

　ISBN 978-986-99288-2-3(平裝)

　1.中日關係　2.外交史

643.1　　　　　　　　　　　　109009978